AF232107

LE
PRINCE DE VALORI

RÉFUTÉ PAR LUI-MÊME

RÉPONSE A LA BROCHURE

« FRANÇOIS DE BOURBON »

Le Roi de France s'appelle *Charles XI.*
(Prince DE VALORI, 29 septembre 1888.)

Voilà le principe ; saluez, Messieurs, celui qui
le représente : *Charles de France et d'Espagne.*
(Prince DE VALORI, 23 juin 1890.)

PARIS

AUX BUREAUX DE LA LIBRAIRIE LÉGITIMISTE

35, RUE DE GRENELLE, 35

1896

LE
PRINCE DE VALORI
RÉFUTÉ PAR LUI-MÊME

Voici votre droit, Messieurs : la loi salique en Espagne et en France.

. . . .

Le Roi de France s'appelle Charles XI.

Prince DE VALORI, 29 septembre 1888.

A la mort de don Juan de Bourbon, don Carlos devient chef de la maison de Bourbon, l'aîné des petits-fils de Louis XIV, à la fois l'héritier de Henri V et de Philippe V.

Prince DE VALORI, 19 mai 1889.

Si celui que les Espagnols fidèles appellent Charles VII, que vous *justement* vous appelez Charles XI, n'a pas voulu séparer sa cause de celle de l'Espagne, il est avec vous de cœur et d'âme, il bénit vos efforts, il en est fier pour lui et pour sa race.

. . . .

Voilà le principe; saluez, Messieurs, celui qui le représente : *Charles de France et d'Espagne.*

. . . .

Je ne sais rien de plus auguste, de plus noble, que la conduite de M. le duc de Madrid.

Prince DE VALORI, 22 juin 1890.

LE
PRINCE DE VALORI

RÉFUTÉ PAR LUI-MÊME

RÉPONSE A LA BROCHURE

« FRANÇOIS DE BOURBON »

PARIS

AUX BUREAUX DE LA LIBRAIRIE LÉGITIMISTE

35, RUE DE GRENELLE, 35

1896

LE
PRINCE DE VALORI
RÉFUTÉ PAR LUI-MÊME

I

En 1888, à Sainte-Anne d'Auray, comme délégué seulement alors de don Carlos, M. le prince de Valori nous disait, le 29 septembre :

« *Voici notre droit, Messieurs, la loi salique en Espagne et en France, nullité des renonciations. Depuis cinq ans, nos adversaires n'en dorment pas. Ils entassent factum sur factum.* »

Aujourd'hui que M. de Valori n'est plus délégué ni représen ant officiel de don Carlos, il imite ceux qui étaient ses adversaires alors et qui sont prêts à devenir ses amis, s'ils ne le sont pas déjà. Il est vrai que, comme excuse de son virement, M. de Valori nous annonce qu'il a trouvé un prince selon son rêve. Car il paraît que M. de Valori a eu un songe dans lequel le roi de France lui est apparu sous la figure d'un général espagnol auprès duquel don Carlos n'est plus rien et lorsqu'il nous disait : « JE NE SAIS RIEN DE PLUS AUGUSTE, DE PLUS NOBLE QUE LA CONDUITE DU DUC DE MADRID », son rêve devait être réalisé alors ; comment s'est-il transformé en cauchemar ?

Par une chance toute particulière, M. de Valori n'a pas à se mettre en frais d'éloquence pour soutenir la candidature du prince de ses rêves. Il puise dans le tas et tout ce qu'il a dit et écrit pour don Carlos, il le ressert à François de Castelvi. Est-ce pour un service aussi facile, ou pour l'avoir nommé duc d'Anjou, que M. de Castelvi a déjà, paraît-il, octroyé le titre d'*Excellence* au prince de Valori ?

Pour faciliter la tâche de M. Valori, nous allons lui rappeler les principaux passages de ses discours et écrits légitimistes; il n'aura qu'à changer les noms et tout ira bien pour lui et son protégé.

Nous ne nous mettrons pas non plus en frais d'éloquence, nous ne chercherons pas des arguments pour répondre à la brochure que M. de Valori vient de publier sous le titre : « **François de Bourbon,** *duc d'Anjou* (!?) ». M. le prince de Valori 1888-1892 s'en chargera pour nous.

II

Mais auparavant, nous désirons dire deux mots, sur M. le général don Francisco Borbon y Castelvi.

Dans les deux lettres de lui que contient la brochure de M. de Valori, ce député espagnol croit avoir des droits à la couronne de France parce qu'il a choisi M. de Valori pour les faire valoir et en porter la bonne nouvelle à la France qui l'attend, qui l'appelle! Aussi, en bon soldat, s'empresse-t-il de répondre : Présent! Voilà toute la première lettre.

Quant à la seconde, rédigée dans un style d'huissier, elle fait à don Carlos sommation, avec délai de huitaine, d'avoir à renoncer à être roi de France et d'Espagne ou à opter pour l'un ou l'autre de ces deux royaumes, faute par lui d'obtempérer à cette sommation gratuite, il verra et entendra dire qu'il est déchu, lui et *ses* fils, de tous ses droits et ne reste plus que le premier gentilhomme du monde. Afin qu'il n'en ignore, ladite lettre-sommation lui a été remise par la poste. Signé : François.

Nous ferons obligeamment remarquer à M. de Borbon y Castelvi que nous ne pouvons que regretter le ton de sa lettre au Roi, et nous nous plaisons à espérer que quand il aura un peu plus d'expérience dans ses nouvelles fonctions, il reconnaîtra que ce n'est pas ainsi que l'on écrit à un roi, fût-il en exil et fût-on son cousin. Mais, si depuis il a réfléchi, il a dû déjà comprendre que don Carlos ne pouvait pas et ne devait pas répondre. M. le général-député ne répondrait pas, nous en sommes certains, à une semblable missive, même si elle venait de ses électeurs espagnols.

Nous ferons également remarquer à M. de Borbon y Castelvi que ce n'est ni don Carlos, ni les légitimistes français qui ont inventé le mariage morganatique de son père, don Henrique, duc de Séville.

C'est sous le règne d'Isabelle que son père se maria à dona Helena de Castelvi, fille de don Antonio de Padoue de Castelvi ; la cour de Madrid, alors, pour des raisons que nous n'avons pas à rechercher, ne reconnut pas ce mariage et le duc de Séville perdit même, croyons-nous, son titre d'infant[1]. Peut-être que le roi légitime n'eût pas montré autant de rigueur, nous n'expliquons pas, nous constatons simplement un fait dont les conséquences ont été de priver la descendance du duc de Séville du rang de princes du sang ainsi que des prérogatives et avantages y attachés et auxquelles elle aurait eu droit si leur père s'était marié dans d'autres conditions.

Nous croyons même que longtemps don Francisco s'est appelé marquis de San Helena. Mais, après sa soumission à la branche usurpatrice d'Espagne, Alphonse XII autorisa M. François de Castelvi à faire précéder son nom de celui de Borbon et à s'appeler : *Borbon y Castelvi* ; il lui octroya même des armes spéciales surmontées de la couronne ducale.

III

Abordant la brochure de M. de Valori et avant d'opposer

---

1. Un journal de Paris vient d'être plus précis ; le 24 mai 1896, il dit que le duc de Séville, vice-amiral de la flotte espagnole, fut démis de sa dignité d'infant le 11 mars 1867.

le prince de Valori à lui-même, nous ferons remarquer que l'opuscule démontre plus la rancune personnelle que la recherche de la vérité; que son rédacteur a de grands points de ressemblance avec les Nauendorffistes. En effet, comme eux, il expose assez nettement la théorie de la légitimité salique; mais comme eux aussi, il arrive à une bifurcation où, avec moins de raison cependant, il prend à gauche au lieu de suivre la voie droite. La seule différence que nous voyons entre eux, c'est que les Nauendorffistes paraissent convaincus de suivre la ligne droite, tandis que M. de Valori ne peut pas, en conscience, avoir la même prétention, car les cinq ou six princes au-dessus desquels il est obligé de sauter à pieds joints, doivent le rappeler à la réalité et aux principes légitimistes qu'il a, dit-il, toujours professés.

Arrivons au fait et résumons brièvement les affirmations d'aujourd'hui de M. le prince de Valori, contre don Carlos, contre les « Blancs d'Espagne ».

1° Au point de vue des renonciations qu'il attribue à tort à don Carlos, il invoque trois lettres des 14 septembre 1888, 27 février 1889 et 5 octobre 1890;

2° Pour expliquer comment il représente actuellement don Francisco de Castelvi, qu'il qualifie, sans raison, de duc d'Anjou, il prétend que, dans la personne de don Carlos, il n'a jamais servi que le roi d'Espagne, Charles VII; que pendant les douze années (?) qu'il a été son représentant, don Carlos, prétend-il, lui a personnellement défendu de le saluer du nom de Charles XI; qu'il a blâmé l'existence des « Blancs d'Espagne » (alias comités légitimistes), que s'il présidait parfois leur banquet, c'était comme délégué du roi d'Espagne Charles VII; il nous affirme qu'en proclamant roi de France François III, il s'est inspiré des déclarations, de la politique et des DÉSIRS EXPRIMÉS (!) *par don Carlos;*

3° Il donne comme article de foi que don Carlos, don

Jaime, don Alphonse, don François d'Assise, le roi Alphonse XIII ne réclamant pas la couronne de France y ont positivement renoncé et qu'aux termes non seulement du traité d'Utrecht, mais encore selon les lois les plus élémentaires du sens commun et de la justice, ils ne peuvent y prétendre; qu'il était donc de son devoir, de sa dignité comme de l'honneur de sa vie, de répondre à l'appel de l'héritier salique, LÉGITIME, indiscutable de Henri V;

4° Il soutient aussi la thèse que la loi salique est une loi exclusivement franque; qu'elle est bien le berceau de la monarchie française, mais qu'en Espagne c'est la loi des Partidas qui régit la succession au trône et admet les femmes au droit de régner; que la loi salique qu'il appelle la loi de Philippe V, est, en Espagne, une loi étrangère qui n'a été observée que pour trois rois. Il va même jusqu'à avancer, contre toute évidence, que la famille du comte de Chambord ainsi que celle de don Carlos ne sont pas carlistes. Mais ce qu'il y a de plus fort, c'est quand il nous dit que le chef du carlisme, don Carlos, n'y croit pas!....

Voilà, en résumé, les différents points traités dans ladite brochure et sur lesquels nous donnons la parole à M. le prince de Valori 1888-1892, pour répondre au prince de Valori 1896.

IV

D'abord, nous ferons observer que les trois lettres visées par le prince de Valori, sont des lettres d'un mandant à son mandataire pour lui expliquer une situation que lui-même, prince de Valori, qualifie d'unique et lui faire comprendre que s'il ne pouvait renoncer entièrement à l'Espagne, comme on voulait l'y pousser alors en faveur exclusive de la France, don Carlos n'abandonnait pas cette dernière, berceau de sa famille.

Dans sa situation de roi en exil, don Carlos pouvait-il agir et parler autrement? N'avait-il pas, en temps utile, réservé tous ses droits et ceux de sa famille? (Voir pièces justificatives A.)

Voulait-on qu'il tentât un Boulogne ou un Strasbourg, comme un simple Bonaparte? ou qu'il demandât sa place au tirage au sort, comme un simple descendant d'*Égalité?*

Non! on voulait qu'il reniât l'Espagne!

Le pouvait-il? — M. de Valori lui-même nous répondra : *Non!*

Mais en ne reniant pas l'Espagne, don Carlos abandonnait-il la France? — M. de Valori nous répondra encore : *Non !*

D'ailleurs, cette première lettre du 14 septembre 1888 le prouve quand le Roi y dit que : « *en France, les cœurs loyaux n'ont pas regardé comme des étrangers les descendants de celui qui, au Sud, a abaissé les Pyrénées pour que la* RACE LATINE *soit* une. » Loin d'être une abdication, c'était au contraire une aspiration à un empire latin.

Enfin, si cette lettre du 14 septembre 1888 était l'abdication que M. de Valori nous dit aujourd'hui, que venait-il, quinze jours après, faire à Sainte-Anne d'Auray, comme *délégué* du Roi? Et pourquoi y prononcer un des discours qu'il réédite aujourd'hui en faveur de M. de Castelvi ?

Ce n'est vraiment pas sérieux !

Dans son discours de Sainte-Anne, M. de Valori disait :

« *Don Carlos vient de vous le dire dans sa lettre du 14 septembre, il est le* ROI LÉGITIME D'ESPAGNE ET DE FRANCE. »

M. de Castelvi, lui, reconnaît l'usurpation en Espagne, mais il réclame la légitimité en France.

Dans le même discours M. de Valori ajoutait :

« *Et ici, puisque j'ai la bonne fortune de me trouver*

au milieu de vous, permettez-moi de bien définir, de bien résumer la thèse politique que nous soutenons.

(Comme pour M. de Castelvi aujourd'hui.)

. . . .

« Voici notre droit, Messieurs : la loi salique en Espagne et en France, nullité des renonciations. Depuis cinq ans, nos adversaires n'en dorment pas. Ils entassent factum sur factum. »

(Comme M. de Valori aujourd'hui).

. . . .

« Il n'est pas besoin d'éloquents et d'érudits pour comprendre ce dilemme écrasant :

« Si les renonciations de Philippe V existent, celles d'Anne d'Autriche et de Marie-Thérèse existent à plus forte raison. Et alors la couronne d'Espagne appartient à la maison de Bavière ou à celle d'Autriche. Dans ce cas, Philippe est redevenu prince français : le roi de France s'appelle Charles XI.

« Si les renonciations sont nulles, le duc de Madrid est roi d'Espagne et de France. »

Puis M. de Valori d'ajouter dans ce même discours :

« Ces principes sont énoncés dans la lettre du 14 septembre. »

Cette lettre n'était donc pas alors une lettre d'abdication, comme aujourd'hui ?

Le même jour, 29 septembre 1888, M. Maurice de Junquières, répondant au discours de M. de Valori, s'écriait :

« Ah! maintenant que le Roi a parlé, et avec quelle grandeur, avec quelle force, avec quelle majesté! Vous l'avez entendu! Vous avez entendu et applaudi M. le Prince de Valori, son éloquent représentant; maintenant que le Roi a parlé, les dissidents n'auraient plus même l'ombre d'une excuse! Qu'ils se hâtent, les enfants prodigues! Ils sont sûrs de retrouver largement ouverts le cœur et les bras du père de famille. »

Et M. le comte Urbain de Maillé dans son discours ajoutait :

« *Partout nous réfutons les objections qu'on élève contre nous; en un mot, nous reprenons le cri de nos pères :* « Le Roi est mort, vive le Roi ! — Jean III est mort, vive Charles XI ! »

M. de Valori, qui non seulement alors n'a pas protesté, n'a pas dit alors que don Carlos, qui l'avait délégué, n'était plus roi de France ; que depuis quinze jours il avait en poche sa lettre d'abdication ; mais, comme on vient de le voir, a dit et affirmé le contraire en s'appuyant sur ladite lettre, voudrait aujourd'hui se servir de cette lettre comme d'un acte d'abdication !

Il est trop tard, M. de Valori ; c'était alors que vous deviez dissiper tous les doutes, et non aujourd'hui et après avoir été relevé de vos fonctions. Vous n'avez plus autorité pour parler au nom du Roi, ni pour commenter ses instructions.

Et au banquet du 29 septembre 1888, ne portiez-vous pas, vous, Prince de Valori, lors des toasts, un toast à la santé du Roi. Lequel? Celui que vous veniez d'acclamer dans votre discours incontestablement.

V

Dans la seconde lettre, celle du 27 février 1889, il est vrai que don Carlos se dit lié à l'Espagne par le sang versé pour lui sur le champ de bataille. Mais c'est un noble langage que celui-là; et nous, légitimistes français, nous serions les premiers à regretter que notre Roi ne l'ait pas tenu; pour cela, don Carlos ne dit nullement renoncer, ni renier la France; tout au contraire, il se proclame, avec raison, *le chef de la race de ses rois et* l'héritier légitime de Louis XIV *et de* Philippe V, et il y rappelle au Prince de Valori (*Français*) qu'il est chargé de ses *intérêts poli-*

tiques en France. Est-ce que don Carlos, le 14 décembre 1887, après la mort de son père, en déclarant que *ses droits sur le trône de France lui imposaient des devoirs,* n'avait pas déjà fait les mêmes affirmations? (Voir Pièces justificatives A.)

On remarquera que cette seconde lettre est du 27 février 1889; or, moins de trois mois après, M. de Valori, dans un banquet légitimiste qu'il présidait, le 19 mai 1889, prononçait un nouveau discours dans lequel on trouve les passages suivants :

« *Parlons d'abord de la France.* » — (Il y considérait don Carlos sous son double titre de Roi de France et d'Espagne.) — « *A la mort de don Juan de Bourbon, don Carlos devient le chef de la maison de Bourbon, l'aîné des petits-fils de Louis XIV,* A LA FOIS L'HÉRITIER DE **Henri V** ET DE « **Philippe V.** »

« *Je ne ferai pas ici un cours de droit politique. Je ne referai pas mon discours d'Auray.* »

. . . .

« *Repassons les Pyrénées. Pendant que la République convie l'Univers à célébrer le centenaire de la Révolution opérée par la monarchie, déshonorée par le crime, don Carlos convie l'Espagne au centenaire de sa conversion au catholicisme, sous Récarède.* »

A la même époque, don Carlos avait chargé M. Joseph du Bourg de le représenter pour porter un acte de consécration de la France au Sacré-Cœur de Jésus, comme l'avait fait son oncle, le comte de Chambord. (Voir pièces justificatives B.)

Disons ici que don Carlos agit de la même façon, cette année, à l'égard de la France, pour le quatorzième centenaire du baptême de Clovis, roi des Francs-Saliens, et qu'il a spécialement chargé le comte Urbain de Maillé de le représenter aux fêtes de Reims. (Voir pièces justificatives C.)

M. de Valori continue :

« *Or, don Carlos, qui est de son temps, comme Henri V,
a chassé du Temple* LES VENDEURS DE DOCTRINES FALSIFIÉES
EN SON NOM. *Et les rebelles lui ont donné une magnifique
occasion de ratifier tous ses manifestes.* »

Est-ce au prince de Valori 1896 que M. de Valori 1889
fait allusion? Il avait donc le don de prophétie ?

. . . .

« *Mais, Messieurs, abdiquer quoi? Le trône? Il ne
l'avait pas... Ce qu'on voulait qu'il abdiquât,* C'EST LE
DROIT, *le droit, cet empire immatériel que l'exilé em-
porte avec lui, qui fait de son bâton de pèlerin, un sceptre
et de l'humble cape du voyageur un manteau royal!*

C'est la vérité même traduite en un superbe langage qui
exprime on ne peut mieux nos sentiments. Nous sommes
infiniment reconnaissant au prince de Valori de nous avoir
donné l'occasion de le répéter après lui.

. . . .

« *On vous accuse de diviser le parti royaliste et en même
temps on affirme que vous n'existez pas.* »

Enfin nous dirons, avec le journal *Le Matin*, rendant
compte du banquet légitimiste présidé par M. de Valori :

« *A cette occasion, l'aîné des Princes de la Maison de
« France, don Carlos, a, pour la première fois, affirmé la
« réserve de ses droits sur le trône. En effet, il a nommé
« comme son représentant en France, le prince de Valori, avec
« mandat spécial de réconcilier les deux chefs des groupes
« séparés, M. le général de Cathelineau et M. le comte
« Maurice d'Andigné.* »

Le *Matin* avait trouvé le mot de la situation ; alors, que
devient la prétendue renonciation du 27 février 1889? Le
Matin, pas plus que M. de Valori 1889, ne voyait de renonciation dans les actes de don Carlos et les paroles de son
représentant n'étaient pas faites pour lui indiquer rien de
semblable.

VI

Arrivons à la troisième lettre, celle du 5 octobre 1890. Don Carlos y déclare ne pas intervenir dans la politique intérieure et extérieure de la France. Cela laisserait supposer qu'il était sollicité d'intervenir dans une question quelconque. Mais le plus simple bon sens lui indiquait l'abstention et, avec son intelligence supérieure, M. de Valori a dû, alors, être le premier à lui conseiller la réserve dont la lettre fait preuve ; on comprendra encore mieux cette réserve quand on saura qu'au moment où cette lettre a été écrite on était, en Espagne, à la veille des élections générales avec le suffrage universel et que le parti carliste se proposait d'y prendre une part très active.

M. de Valori, pour critiquer cette lettre comme il le fait depuis qu'il a été relevé de ses fonctions de représentant de don Carlos et surtout depuis qu'il a trouvé le prince selon ses rêves, ne se rappelle donc plus les réflexions que sa lecture faisait faire à un journal peu suspect de tendresse à l'égard de la royauté? Ne lisons nous pas, en effet, dans la *République française* du 8 octobre 1890 :

« *Voici par exemple une lettre de Roi ! Quel ton et* « *quelle allure ! Ce n'est pas Philippe d'Orléans qui écrit* « *de ce style.* »

. . . .

« *Vrai, voilà un Roi ! Et qui n'est pas fin de siècle du* « *moins. Il est bien fâcheux que nous n'ayons plus besoin* « *d'un Roi; mais s'il nous arrivait, par aventure, de sentir* « *le besoin d'en avoir encore un, c'est celui-ci qu'il fau-* « *drait prendre incontestablement et sans l'ombre d'une* « *hésitation possible.* »

Dans la même année 1890, au banquet légitimiste qui ut lieu le 22 juin, à l'hôtel Continental, M. le prince de

Valori, son président, comme représentant du Roi, s'exprimait ainsi dans un discours :

« *Messieurs, pour la troisième fois j'ai l'honneur de vous apporter les salutations du chef auguste de la Maison de Bourbon. Si celui que les Espagnols fidèles appellent Charles VII, que vous,* JUSTEMENT, *vous appelez* **Charles XI**, *n'a pas voulu séparer sa cause de celle de l'Espagne, il est avec vous de cœur et d'âme, il bénit vos efforts, il en est fier pour lui et sa race.* »

. . . .

« *Sept ans écoulés, Henri V descendait au caveau de Goritz, le droit en remontait.* »

. . . .

« *Le nouveau Roi se nommait don Juan ou* JEAN DE BOURBON-ANJOU. *Vous, Messieurs, les Blondel d'une situation unique, vous l'avez acclamé. Pour des raisons que je n'ai pas à examiner, vous vous êtes dit :* QUE POUR NE PAS DÉNONCER SA PROPRIÉTÉ, UN PROPRIÉTAIRE N'EN DEMEURAIT PAS MOINS LE POSSESSEUR. **Si je laisse ma clé sur ma porte, ajoute-t-il, je suis assuré que ce ne sont pas des honnêtes gens qui essaieront de me dévaliser.** »

Bravo! Toutes nos louanges à M. de Valori, nous n'aurions pas mieux dit.

. . . .

« *A la mort de don Juan,* DON CARLOS DEVIENT LE **Roi** légitime d'Espagne et de France. »

. . . .

« *En affirmant* UN DROIT AUSSI ÉCLATANT **que celui de don Carlos,** *nous barrons le chemin au retour impossible de l'injustice et restons fidèles à l'honneur de notre vie.* LE DROIT EST LA DERNIÈRE SENTINELLE QUI VEILLE AU SALUT DE LA SOCIÉTÉ. *Ce n'est pas nous qui le relèverons de sa faction.* »

Votre mémoire vous faisait donc défaut, M. de Valori, quand vous avez écrit votre brochure, car « *un droit aussi*

« *éclatant que celui de don Carlos* » ne peut pas être à la merci du caprice du premier venu et perdu parce qu'on ne répond pas à une lettre qui est une impertinence en somme.

Le 29 septembre suivant, à Sainte-Anne d'Auray, M. le prince de Valori y était reçu par M. le vicomte de Bellevue, s'exprimant ainsi :

« *Messieurs, je salue en notre nom à tous, M. le prince de Valori qui, pour la deuxième fois, vient représenter le Roi à notre manifestation du 29 septembre.*

Il est incontestable que, pour le vicomte de Bellevue, pour tous les assistants, comme pour le prince de Valori alors, le Roi représenté était le Roi de France Charles XI ; la preuve, nous la trouvons dans le discours que M. de Valori prononça à cette occasion ; nous y relevons les passages suivants :

« *Pour me récompenser dans ma foi, me rajeunir dans ma fidélité, l'auguste chef de la maison de Bourbon m'envoie parmi vous.*

. . . .

« *N'attendez pas de moi, Messieurs, de nouvelles démonstrations sur la* LÉGITIMITÉ DE NOTRE DROIT, DE NOTRE CAUSE...

. . . .

« *Clovis, Ferdinand et Isabelle, Philippe V, don Carlos ont planté un crucifix dans la terre de France et d'Ibérie ; ils en ont fait la boussole des quatorze siècles des grandeurs de la patrie.*

« *Voilà le principe ; saluez avec moi, Messieurs,* CELUI QUI LE REPRÉSENTE : **Charles de France et d'Espagne.**

« *Je ne sais rien de plus auguste, de plus noble que la conduite de M. le duc de Madrid. Il a été expulsé indignement de cette terre de France, qui est la fille de ses aïeux ; il a vu à Goritz, près du corps à peine refroidi du Roi de France, son oncle, le parti de Henri V déserter le drapeau fleurdelysé et le traiter d'étranger — (comme aujourd'hui M. de Valori). — Il n'est peut-être pas un des gentilshommes qui le reniaient qui n'eût reçu un titre, une particule de la race de Louis XIV. Eh bien! rien n'a pu arrêter votre Roi sur le chemin de l'honneur, du devoir, de l'amour de la France, qu'un Bourbon ne pourra jamais étouffer dans son âme.*

. . . .

« *Il y a pourtant quelque chose d'aussi haut, de plus touchant peut-être; c'est vous, Messieurs, c'est votre fidélité. L'exemple que vous donnez est d'une incomparable noblesse; il est unique dans l'histoire.* »

Bravo et merci ! Cet éloge nous est agréable dans la bouche du prince de Valori.

. . . .

« *Dans la chapelle du palais Loredan, à Venise, don Carlos a placé le drapeau blanc de Henri V en face du drapeau espagnol.*

« *Vous, Messieurs, vous êtes la garde d'honneur du drapeau blanc. Le feu sacré est confié à votre virginité politique.* »

Oui, et nous le défendons sans défaillance ni compromission.

M. de Valori terminait ainsi son discours :

« *Messieurs, au revoir à l'année prochaine, si Dieu le permet.* Je porte un toast au **Roi**, a la **Reine**, au **prince Jacques**, au chef de la maison de Bourbon, a **Charles d'Espagne et de France.** »

VII

En 1891, en 1892, M. de Valori s'abstient-il de parler au nom d'un roi qui aurait abdiqué ?

Pas le moins du monde.

Au banquet légitimiste du 28 juin 1891, M. de Valori, son président, comme représentant le Roi Charles XI, commençait ainsi son discours :

« *Messieurs, chaque année vous célébrez la fête de la fidélité.....*

« *Chaque année, le Roi me fait l'honneur de m'envoyer vers vous. Cet honneur est à la fois un bonheur.....*

. . . .

« *Que voulez-vous? Il n'y a rien qui rabâche plus que la vérité. Elle est comme la lumière qui rabâche la gloire de Dieu, comme le* Décalogue *qui, en son nom,* défend de prendre le bien d'autrui.

« *Assurément, la route que nous suivons n'est pas amusante. Il ne viendra à l'idée de personne de promener ses invités sur la grande route, la route droite, solennelle comme les avenues de Versailles,* la route droite où tout est clair, net, limpide a l'horizon. *Ce serait plus gai de vous conduire avec nous dans un parc à l'anglaise, avec ses méandres, ses détours, ses fantaisies, ses labyrinthes, ses changements de décors où l'imprévu et l'aventure se succèdent à chaque pas. Ces promenades-là, il faut les demander à nos adversaires. Nous autres, nous sommes plus ennuyeux :* nous ne connaissons que la ligne droite.

« *Ce que je veux traiter aujourd'hui à ce banquet, c'est la doctrine orléaniste.*

. . . .

« *Avec le Directoire, le Consulat et l'Empire, l'Orléanisme n'apparaît que sous la forme de pétitions et d'humbles requêtes pour obtenir de l'argent. Avec les Bourbons, il revient triomphant pour le pardon, la curée, l'ingratitude et la conspiration.....*

« Les Bourbons ont servi la France ; les Orléans se sont servis de la France.

« *Ah! Messieurs les Orléanistes, vous appelez* équipée héroïque *l'escapade de M. le duc d'Orléans, s'exposant à quelques jours de violon..... Comment qualifieriez-vous les tentatives de la duchesse de Berry?..... Je passe sous silence l'admirable patriotisme de don Carlos, en 1870, accourant prévenir l'Empereur des projets de la Prusse.*

. . . .

« *Les Bonapartistes et nous avons lè droit de combattre la République, si elle offense nos convictions. Vous autres, Orléanistes, vous n'avez pas ce droit-là : la pudeur vous le défend.*

. . . .

« *Napoléon III, dans une intention géniale, veut briser l'Union de Monroë. Il veut seconder le mouvement séparatiste des États-Unis. Il penche pour les intérêts français et catholiques. S'il rêve un empire au Mexique, il veut l'asseoir sur l'indépendance des États américains du Sud. Que fait M. le comte de Paris? Il met son épée au service des ennemis du catholicisme et des races françaises du Sud.*

. . . .

« *Ce mélange sans nom de monarchie usurpée, de droit prétendu, rajeuni par la volonté du peuple, qui, je l'espère, sera longue à se prononcer; cet amalgame de constitutionalisme, de libéralisme, de catholicisme et de protestantisme est un je ne sais quoi de monstrueux que Machiavel lui-même n'a osé rêver. Ce serait une source inépuisable de calamités pour la France et pour l'Europe.*

. . . .

« *M. le comte de Paris ne représente ni la religion, ni l'irréligion nationale, ni l'aristocratie, ni la bourgeoisie, ni le peuple. Il a cherché sa voie dans toutes les directions sans pouvoir la trouver.*

. . . .

« *Parler de réconciliation, de monarchie constitutionnelle, lorsque, deux ans à peine écoulés (ce discours était prononcé en 1891), on a tenté de s'associer à un coup d'État boulangiste, est un peu risqué.*

. . . .

« *D'ailleurs, 1830 n'est-il pas un 18 brumaire? L'un a été exécuté par un lion, l'autre par un renard.*

. . . .

« *Eh bien, Messieurs, voyez les influences pernicieuses de cette influenza politique qu'on appelle l'Orléanisme. Depuis neuf ans (1891), nous avons le spectacle douloureux de M. le comte de Paris en rébellion, non seulement contre le chef de sa maison,* comme Roi de France, *mais encore contre lui, comme Roi d'Espagne. Ce crime de lèse-majesté restait isolé. Pas un légitimiste n'avait cessé d'être carliste. Les fidèles de Henri V n'avaient pas jeté toutes leurs convictions aux orties. Il leur restait de leur innocence première leur fidélité au Roi d'Espagne.*

. . . .

« *On a organisé contre vous la conspiration du silence; il faut toujours une conspiration, quelle qu'elle soit, dans la politique orléaniste.*

. . . .

« *Vous êtes cette poignée de pur froment avec laquelle Dieu fera, à son heure, la multiplication des pains. Ce drapeau blanc, qui, après tout, n'est pourtant que le symbole de notre droit, les empêche de dormir. Jadis, sous la république de Florence, le drapeau était confié au gonfalonier de justice. Il le gardait dans son appartement. Au jour du danger, il le montrait au peuple, et on était obligé de le suivre. Si jamais l'Orléanisme menaçait sérieusement la France, si jamais il voulait substituer son drapeau à celui de Denain et de Fontenoy, le peuple français viendrait vous demander votre drapeau, et, le brandissant dans les airs, il dirait aux Orléanistes :* « Voilà le « drapeau royal, ce n'est pas le vôtre. » **Si la France abandonne la République, c'est la vraie royauté qu'elle demande.**

. . . .

« *Elle (la Révolution) sera terminée lorsque les princes d'Orléans et M. le comte de Paris, à leur tête, auront repris leur rang hiérarchique à la suite des Bourbons, leurs aînés. C'est là le vrai moyen de rajeunir leur droit et de vivre éternellement dans l'histoire. Car, si le Décalogue dit :*

    « LE BIEN D'AUTRUI TU NE PRENDRAS,

il dit aussi :

    « *Ton père et ta mère honoreras,*

    « *Afin de vivre longuement* ».

Comme on le voit, la courtoisie de M. de Valori, à l'égard des d'Orléans, consistait surtout à les assommer avec un style élégant et choisi. Si, comme nous le dit le prince de Valori, M. le comte de Paris l'a ou s'est félicité de sa courtoisie, il n'était pas difficile.

Pour ne pas abuser plus longtemps des citations, nous allons sauter à la fin du discours que M. de Valori prononçait, le 16 juillet 1892, son dernier d'ailleurs : on croit entendre le chant du cygne.

« *Messieurs, continuons notre chemin sur la ligne droite.*

. . . .

« *Il est de la dignité humaine d'être fidèle à soi, à son nom, à l'honneur de sa vie.* »

M. de Valori est-il bien sûr d'avoir suivi le conseil qu'il nous donnait en 1892, comme représentant du roi légitime de France et d'Espagne ?

<h2 style="text-align:center">VIII</h2>

D'après ce qu'on vient de voir, nous sommes en droit, appuyé sur M. de Valori 1888-1892, de dire que l'interprétation que M. de Valori 1896 veut donner aujourd'hui aux lettres qu'il invoque est tout à fait fantaisiste, et nous avons la preuve *certaine*, INDISCUTABLE, **éclatante** que, lorsqu'il les reçut, il ne leur a pas donné la signification qu'il voudrait leur attribuer maintenant. Si ces lettres avaient été alors comprises par lui comme il veut le dire aujourd'hui, mais le mandat du prince de Valori était fini avant d'avoir commencé, puisqu'à Sainte-Anne d'Auray, quinze jours après la première, il n'y était qu'à titre de délégué, et que ce n'est que plus tard, en 1889, qu'il a été nommé le représentant de don Carlos. Enfin, si lettres et instructions avaient existé dans le sens indiqué aujourd'hui, aurait-il pu prononcer de semblables discours sans être désavoué ? L'a-t-il été ? Au contraire, M. de Valori prend soin de nous dire qu'il recevait de M. le comte Melgar, écrivant au nom du Roi, force félicitations.

Il ne pourra plus, après cela, faire croire à personne que lui, *Français,* avait pour unique mission de représenter don Carlos seulement et uniquement comme Roi d'Espagne. Le Roi d'Espagne n'a pas besoin d'un représentant français en France; pour le Roi de France en exil, c'est différent, il a besoin d'un mandataire français.

Mais don Carlos réunit en sa personne, et on vient de voir que M. de Valori prend soin de le dire et de le répéter, la double qualité de Roi de France et d'Espagne. Pour les besoins de sa thèse actuelle, il voudrait dédoubler son ancien mandat et prétendre, aujourd'hui seulement, n'avoir agi qu'au nom du Roi d'Espagne. Bien qu'il nous traite de naïfs, il ne peut espérer nous faire croire cela.

Il est possible, certain même, que, par mesure de prudence, par politique et diplomatie, les instructions de M. de Valori devaient lui indiquer de ne pas trop accentuer, dans certains moments, les prétentions et les revendications des légitimistes français; mais ce qu'il sait parfaitement et d'une façon indiscutable, c'est que, quand il venait dans nos réunions, ce n'était qu'en sa qualité de représentant du Roi de France qu'il y était admis. D'ailleurs, comme on vient de le voir, et tout en restant dans la réserve ci-dessus indiquée, les discours prononcés par lui faisaient écho à toutes nos revendications et aspirations comme Français.

Il sait aussi d'une façon indéniable que, tant qu'il a été le représentant de don Carlos, ce n'est que le Roi de France que nous avons acclamé en sa personne.

Tout homme impartial reconnaîtra, après avoir lu M. de Valori 1888-1892, que les renonciations contenues dans lesdites lettres n'existent que dans l'imagination de M. de Valori 1896. Les journaux *le Matin* et *la République française*, dont nous avons aussi reproduit des articles, ne les considéraient pas comme des abdications. Le premier parle de l'affirmation des droits de don Carlos, ce qui est bien différent; le second admire le ton royal d'une de ces lettres et dit que, *si on avait besoin d'un Roi, sans l'ombre d'une hésitation, c'est don Carlos qu'il faudrait choisir*. *Le Temps* même et presque toute la presse parlaient de même.

Est-ce que M. de Valori aurait été seul à ne pas comprendre le sens de sa correspondance? Mais la meilleure preuve qu'il le comprenait alors autrement qu'aujourd'hui, c'est qu'il est resté quatre années, de 1888 à 1892, le représentant d'un Roi qui, d'après sa version actuelle, avait abdiqué depuis 1888; c'est surtout qu'il a attendu que son Roi se prive de ses services pour apercevoir des renonciations qu'il n'avait pas découvertes plus tôt.

Voilà ce que M. de Valori ne peut nier.

IX

Quant à sa thèse actuelle sur la loi salique, comme loi étrangère repoussée par l'Espagne, M. de Valori y a aussi répondu par avance dans deux discours.

Le premier, prononcé à Sainte-Anne d'Auray, le 29 septembre 1888, où il disait :

« *L'Espagne demande* un Bourbon *et la* loi salique. *Elle veut implanter chez elle cette formidable et virile forme de gouvernement qui a donné huit siècles de gloire et de stabilité à la France. Et ceci arrive sans négociations secrètes.* « C'est, *dit l'historien orléaniste Mignet,* le triom-phe de la sympathie d'un peuple pour l'autre. »

« *Le grand Roi, brillant comme un soleil, est assis sur son*

TRÔNE SALIQUE. *L'Espagne lui demande Philippe V. Il le lui accorde. L'Europe montre les dents. Elle prononce le fameux mot de « RENONCIATION » à la couronne de France.*

« Louis XIV, qui sait très bien que, Roi salique, Roi de droit divin, il ne peut toucher à l'arche sainte du contrat primitif, refuse. Non seulement il refuse, mais il affirme hautement les droits reconventionnels de Philippe V au trône de saint Louis. »

Le second discours fut prononcé au banquet légitimiste présidé par M. de Valori, à l'Hôtel Continental, le 19 mai 1889. Il disait :

« On s'imagine que l'avènement de Philippe V est né d'une intrigue diplomatique. Or le testament de Charles II a été l'expression des vœux unanimes de la nation espagnole. De même, on croit que l'Alsace est une conquête de Louis XIV. C'est précédé d'une adresse signée de trois cent mille Alsaciens que Louis XIV fit son entrée à Strasbourg. Certes oui, il y a eu une conquête : la conquête des cœurs. »

Comme on le voit, M. de Valori avait pris soin de donner, par avance, un éloquent démenti à ses affirmations d'aujourd'hui.

X

Dans une autre partie de sa brochure, M. de Valori trouve nécessaire, on ne voit guère pour quelle raison, de s'attaquer à Henri V, et il ose dire, sans pouvoir le prouver d'ailleurs, que, en 1873, l'entrevue du 5 août avait été la reconnaissance du comte de Paris, que cette reconnaissance était une manœuvre politique au moyen de laquelle Henri V espérait monter sur le trône de ses aïeux en trompant les Orléanistes, et que, la manœuvre n'ayant pas réussi, dix ans plus tard, au moment de sa mort, Henri V serait revenu sur sa parole.

Dans la brochure « *Henri V et le Comte de Paris* », parue chez Savine, en 1895, il y a un an, réfutant déjà des allégations à peu près semblables avancées par M. le marquis de Dreux-Brézé, le comité central légitimiste les a mis à néant en prouvant leur mal fondé par des documents authentiques émanant du comte de Chambord lui-même. Nous y renvoyons donc M. de Valori ; mais, de plus, nous allons, continuant le système adopté par nous, opposer M. de Valori 1890-1891 et 1895 à M. de Valori 1896.

Dans un discours qu'il prononçait le 29 septembre 1890 à Sainte-Anne d'Auray, il y faisait la guerre à l'Orléanisme et lui disait :

« *Il n'y a donc plus qu'une solution. Que les princes d'Orléans renouvellent l'acte du 5 août 1873, s'ils veulent un jour régner.* »

Dans son discours au banquet légitimiste du 28 juin 1891, M. le prince de Valori tenait ce langage :

« *Mais il* (le comte de Paris) *est l'héritier fatal d'une situation et d'une politique identiques. Le manteau royal, si jamais la France le jetait sur ses épaules, serait comme la robe de Nessus. Il aurait beau s'appeler Philippe VII, il serait toujours* LOUIS-PHILIPPE SECOND. *Il s'imaginerait en vain être le vicomte de Chambord, il ne serait jamais le roi de Frohsdorf.* »

Un peu plus loin, il ajoutait :

« *Si M. le comte de Paris ne reconnaît pas don Carlos comme* ROI DE FRANCE ET D'ESPAGNE ; *s'il prétend que les renonciations de Philippe V sont valables, les renonciations de Philippe-Égalité sont également valables, et il s'appelle* Louis-Philippe-Égalité ! »

. . . .

Est-ce que M. de Valori aurait aussi oublié un article plus récent qu'il écrivait dans la *Libre parole*, du 4 juin 1895, sous le titre : « HENRI V A-T-IL VOULU RÉGNER ? » et dans lequel nous lisons :

« *Nous n'en devons pas moins être reconnaissant au marquis de Dreux-Brézé d'avoir rendu publique* LA DÉCLARATION EXIGÉE PAR LE COMTE DE CHAMBORD.

« LE COMTE DE CHAMBORD VOULUT QUE LE COMTE DE PARIS FIT LA PROMESSE « de reprendre sa place dans la famille ». CETTE PHRASE SIGNIFICATIVE PROUVE QUE HENRI V N'AVAIT PAS L'INTENTION DE spolier don Carlos et les aînés de sa famille. *Le comte en demanda la suppression..... M. de Vanssay nous affirme que, lui, accepta cette suppression.* Le comte de Chambord refusa cette modification. *J'en appelle à don Carlos et à tous les Bourbons. J'en appelle au royal défunt lui-même.* MODIFIER LA DÉCLARATION AURAIT ÉTÉ SUBIR DES conditions. *Or, dans la lettre historique du 7 octobre 1873 à M. Chesnelong, chacun peut lire ces mots :* « On parle de conditions : m'en a-t-il posé, ce jeune prince..... »

Puis, M. Valori continue : « *Il me faut encore remercier le marquis de Dreux-Brézé de l'affirmation que l'on va lire. Pour démontrer que Henri V reconnaissait comme héritier Philippe d'Orléans, il dit :* « JAMAIS JE N'AI EU A TRANSMETTRE « UNE SEULE INSTRUCTION DE MONSEIGNEUR ME DÉSIGNANT UN « AUTRE HÉRITIER DE LA COURONNE !!! » *M. de Dreux-Brézé ne conviendra-t-il pas avec moi que le désigner aurait été encore mieux ?* LA PAROLE EST D'ARGENT. LE SILENCE EST D'OR. *Cette fois, il fut de* DIAMANT. Car le silence du roi était la réserve des joyaux dix fois séculaires de la couronne de Hugues Capet. »

Or les phrases de M. de Valori indiquent parfaitement qu'il connaissait complètement les termes de cet acte qui imposait au comte de Paris :

1° La reconnaissance formelle de Henri V comme chef de la famille royale et comme le Roi légitime de France; 2° l'engagement de reprendre, dans la famille royale, le *rang que leur naissance leur assignait.* (Voir pièces justificatives D.)

On avouera que ce n'était pas là faire, du comte de Paris, un Dauphin ni lui reconnaître le droit, par conséquent, de succéder immédiatement à Henri V, et M. de Valori était de cet avis en 1890, quand dans son discours il constatait que quarante Bourbons issus de Philippe V leur barraient la route étant tous avant la branche d'Orléans.

M. de Valori prétend dans sa brochure que Henri V et don Carlos ne croyaient pas au carlisme !

Son discours du 28 juin 1891 va répondre à son affirmation sur ce point; nous y trouvons la phrase suivante citant une dépêche de Henri V.

« *Il leur restait* (aux légitimistes) *leur innocence première, leur fidélité au roi d'Espagne. Nier la légitimité de don Carlos aurait été jeter ces éléments à la mémoire de leur Roi, et ces paroles vibrantes et qui retentissent encore sous les voûtes de Frohsdorf. Henri V écrit à don Carlos* :

« JE N'AI PAS BESOIN DE VOUS DIRE COMBIEN NOUS SERONS HEUREUX, VOTRE TANTE ET MOI, LORSQUE NOUS PARVIENDRA LA NOUVELLE DU TRIOMPHE DE LA cause légitimiste en Espagne. »

Inutile d'insister.

XI

Dans d'autres parties de sa brochure. M. de Valori, nous parle encore de diverses autres choses.

Entre autres de la proposition d'un légitimiste rallié aux d'Orléans; comme il n'insiste pas faute, de preuves, dit-il, nous lui saurons même gré de sa modération exceptionnelle due, il est vrai, à l'absence de preuves; mais il espère que son insinuation portera des fruits.

Nous ferons cependant obligeamment remarquer à M. de Valori qu'il serait impossible à M. de Bellomayre de confirmer son dire relatif à l'incident du 3 septembre 1883.

A cette date, M. de Bellomayre, s'acquittant d'une mission que lui avait confiée le comte de Paris, présentait, au palais Lantiri, à Goritz, à la signature des aînés des Bourbons, un acte de renonciation au trône de France; le négociateur a été résolument éconduit.

Cet incident, loin d'être une abdication de don Carlos, comme M. de Valori a aujourd'hui intérêt à le faire croire, constituait, au contraire, de la part du comte de Paris, une *reconnaissance* FORMELLE des droits de la branche d'Anjou; et c'est pour cela que M. de Bellomayre ne parlera pas car il ne le peut pas sans désavouer son prince.

Cet incident, rapporté notamment par le *Journal de Paris* du 29 août 1886, trois ans avant que M. de Valori ne reçût son mandat de représentant du Roi, n'a jamais été contredit, pas même par M. de Valori d'avant 1896.

Puis reprenant la thèse entreprise par son patron, le général François de Borbon y Castelvi, il cherche à faire croire que c'est don Carlos qui, en épousant la princesse de Rohan, a fait un mariage morganatique, parce que, dit-il, et cela sans rire, don Carlos n'était au moment de son mariage que le représentant d'une *fiction* de royauté. M. de Valori sait mieux que qui que ce soit que rien n'est plus erroné que son assertion d'aujourd'hui. Qu'il fasse comme nous venons de le faire, qu'il relise tous ses discours comme représentant de don Carlos, il n'y trouvera pas l'ombre d'une fiction de royauté, mais bien la royauté la plus légitime, la plus authentique qu'on puisse désirer. A moins que M. de Valori ne nous prouve qu'en se privant de ses services don Carlos a, de ce seul fait, perdu tous ses droits. Mais ses droits, vous l'avez dit, M. de Valori, don Carlos les tient de Dieu seul comme *roi salique*, roi de *Droit divin*, et vous n'êtes pas Dieu que nous sachions.

M. de Valori nous donne une généalogie de la famille Castelvi; sans contester les dires du représentant du général espagnol de Castelvi, on serait bien aise de connaître où il a puisé ses renseignements généalogiques et les noms de ses auteurs historiques.

Nous ferons remarquer que nous n'avons jamais mis en doute la parfaite honorabilité de la famille Castelvi ; et le mariage du duc de Séville, non reconnu par la branche usurpatrice en Espagne, n'entache en rien son honneur ; ainsi que nous l'avons déjà dit, la non-reconnaissance du mariage ne fait que retirer aux descendants de cette union les prérogatives dont jouissent les familles royales.

XII

N'imitant pas sur ce point M. de Valori, nous allons, en donnant un résumé généalogique de la famille de Rohan, indiquer les auteurs où nous puisons nos renseignements ; comme cela il sera facile à M. le député espagnol et à son représentant, en les contrôlant, de se convaincre du mal fondé de leurs dires quand ils parlent des Rohan.

« Le nom de Rohan est en France celui d'une des plus anciennes et des plus grandes Maisons, qui, par sa *descendance* PROUVÉE des *anciens souverains* de Bretagne et par ses alliances avec toutes les *têtes couronnées de l'Europe*, occupe aujourd'hui un rang distingué dans le tableau généalogique des Princes issus de *Maison souveraine*.

« Les Rohan, reconnus Princes de la Maison de Bretagne, jouissent en France du TITRE et RANG de PRINCES DE NAISSANCE, de PRINCES PAR DÉFINITION D'ÉTAT, et ils sont, à la Cour de nos rois, en possession des honneurs et prérogatives attachés à la qualité de PRINCES ÉTRANGERS. »

(*Dictionnaire de la Noblesse* par de La Chesnaye des Bois, 3e édition, t. XVII, pages 467 et suivantes.)

« Ceux de cette maison ont rang de PRINCES *en France*, parce qu'elle tire son origine des premiers souverains de Bretagne : *vérité* reconnue par les ducs de Bretagne même, dans l'assemblée des États généraux de leur duché, tenus à Nantes en 1088, comme le justifie l'acte de cette reconnaissance, qui se trouve encore aujourd'hui à la Chambre des Comptes de Bretagne et qui a été reconnu authentique par Louis XIV séant en son conseil.

« Au reste, les comtes de Porrhoët et vicomtes de Rohan, sortaient des comtes de Vannes, les plus distingués des anciens souverains de Bretagne. On lit dans Grégoire de Tours, et dans d'autres historiens, que les terres possédées par ces Princes portaient le nom de ROYAUME ; et c'est suivant cet usage que, dans un acte de fondation, le Porrhoët, le Rohan et pays contigus sont qualifiés du même titre. Par un acte de 1093, on apprend que les comtes de Porrhoët et de Rohan avaient *leurs barons*, ainsi que les comtes de Champagne, de Flandre et autres souverains de leurs temps ; ce qui doit faire juger qu'elle était dès lors l'ancienneté et la puissance de ces princes. »

(*Moreri*, t. VII, 18ᵉ édit., année 1740, pages 164 et suivantes.)

(Voir aussi le *P. Anselme*, t. Iᵉʳ, année 1712, pages 600 et suivantes.)

Citons ici quelques alliances des Rohan, et, pour les autres, renvoyons aux pièces justificatives E.

Jean II, vicomte de Rohan, épouse en 1377, Jeanne de Navarre, fille de Philippe, comte de Dreux, roi de Navarre; de cette alliance : Jean I, petit-fils de Louis le Hutin, *roi de Navarre* et beau-frère de Philippe de Valois, aussi *roi de France*, et de PIERRE, *roi d'Aragon*.

Alain IX, vicomte de Rohan et de Léon, comte de Porrhoët, épouse, en 1407, Marguerite de Bretagne; de ce mariage : Marguerite de Rohan, mariée en 1449 à Jean d'Orléans, comte d'Angoulême, aïeul du *roi François Iᵉʳ*.

Catherine de Rohan, mariée à Jean d'Albret, vicomte de Tartas, trisaïeul de Henri IV, roi de France.

(*Moreri*, t. VII, page 164.)

M. de Castelvi peut maintenant voir que, sans rien ôter à sa famille, la princesse de Rohan n'est pas la première qui soit entrée dans la famille royale de France et que M. le prince de Valori, en lui disant que don Carlos avait fait un mariage morganatique, s'est trompé.

Si les renseignements ci-dessus ne sont pas suffisants pour convaincre le prince de Valori et son protégé, ils en trouveront aux pièces justificatives de plus complets dont nous n'avons pas voulu surcharger notre réponse.

XIII

M. de Valori nous donne aussi les états de service de son protégé.

Nous n'en avions nullement besoin, sa vaillance n'étant pas en question.

Mais cette exhibition nous amène à faire remarquer que, si nous ne mettons pas en doute la science militaire que M. de Castelvi a pu acquérir à l'armée de don Carlos et qu'il a été porter à l'usurpation, il nous sera bien permis d'avoir quelques hésitations quant à sa perspicacité politique et diplomatique. Nos hésitations ne sont-elles pas en partie justifiées par une phrase que le rédacteur de la lettre à don Carlos y a insérée et que M. de Castelvi a sanctionnée de sa signature : « *Convertir la France et l'Espagne en deux provinces de l'empire des Bourbons, ce serait un acte d'imbécillité politique.* »

Peu parlementaire, M. le député. Mais passons.

Oui, M. le député espagnol, ce serait, non une *imbécillité*, mais une *faute politique* de vouloir faire de la France et de l'Espagne deux provinces d'un empire, même des Bourbons. Mais en serait-ce encore une de *réunir* les deux royaumes, avec leur autonomie propre, sous un même sceptre ?

Comprenez-vous la différence ?

N'avons-nous pas des exemples de semblables réunions?

Est-ce que l'empire des Habsbourg ne se compose pas de plusieurs royaumes? Est-ce que François-Joseph, en se consacrant à l'Autriche, renonce pour cela à la Hongrie et à la Bohême?

Est-ce que Henri IV, en montant sur le trône de France, a cessé d'être roi de Navarre? Est-ce que son royaume ne s'est pas appelé, jusqu'à la Révolution, le royaume de France et de Navarre?

Est-ce que l'Espagne elle-même n'est pas la réunion de petits royaumes et ses rois ne prennent-ils pas le titre de : Rois de toutes les Espagnes?

Avant de signer votre lettre à votre seigneur et maître, avez-vous pris la peine d'étudier la question que vous y traitiez un peu à la légère? Évidemment non, car si vous l'aviez fait, nous nous plaisons à croire que vous n'auriez pas sanctionné de votre signature une pareille .....

Avez-vous seulement comparé la situation politique de l'Europe il y a deux cents ans avec celle d'aujourd'hui? Non, n'est-ce pas?

Avez-vous au moins relu les traités d'Utrecht que vous invoquez?

Si vous les avez relus, avez-vous cherché à en comprendre l'esprit et le but? Car, dans tous actes, il faut non seulement en voir la lettre, mais surtout en chercher l'esprit et le but que les rédacteurs veulent atteindre.

Vous êtes-vous, au moins, rappelé qu'au moment de l'avènement de Philippe V au trône d'Espagne, Louis XIV était dans tout l'épanouissement de sa gloire et de sa grandeur; que du fait de la couronne d'Espagne placée sur la tête de son petit-fils, sa puissance augmentait encore? Par suite, quoi d'étonnant que cet événement ait porté ombrage à ses voisins qui le voyaient déjà d'un œil jaloux et leur ait inspiré la crainte que le Roi-Soleil n'abuse de cet accroissement du prestige de sa famille et ne veuille un jour, soit pour lui-même, soit pour ses successeurs, la réunion des deux couronnes sur une seule tête?

Avez-vous compris que de ces craintes était née la coalition de l'Europe contre Louis XIV?

Si vous aviez fait l'examen auquel nous venons de vous convier, vous auriez peut-être reconnu, ce que nous n'hésitons pas à avouer, que cette coalition était jusqu'à un certain point explicable. En effet, alors, l'Europe était divisée en une multitude de petits États indépendants. Donc, en comparant la puissance que la France possédait déjà et en la voyant s'accroître par la succession de Charles II arrivant au petit-fils du Roi, on comprend l'émotion qu'ont dû éprouver les souverains d'alors et que leur coalition fut la conséquence d'une guerre pour obtenir la séparation de deux couronnes dont la réunion était regardée, par eux, comme un danger pour leur puissance.

Ces traités, bien que visant la France et l'Espagne, ne nous montrent pas un parti pris d'opposition contre la France ni l'Espagne personnellement, mais ils nous prouvent que les diplomates qui les ont rédigés étaient des hommes à vue plus longue que ceux de nos jours, que c'est surtout l'accroissement d'une puissance *quelconque* qu'ils ont voulu empêcher par crainte, pour eux-mêmes, d'une diminution de la leur. La mesure a été prise contre la France et l'Espagne alors, comme ils l'auraient incontestablement et avec plus d'autorité, prise contre la Prusse et l'Italie s'ils avaient existé encore en 1870.

Comment l'Europe qui, en 1700, s'était émue de l'éventualité problématique, éloignée dans tous les cas, de la réunion un jour possible des couronnes de France et d'Espagne, a-t-elle laissé s'accomplir les constitutions *immédiates* de l'Empire d'Allemagne et du Royaume d'Italie?

Il est vrai de faire remarquer que, si, en 1700, le Roi de Prusse et le duc de Savoie étaient parmi les plus ardents opposants à l'accroissement éventuel de la Maison de Bourbon, en 1870, c'était au profit du Roi de Prusse que se constituait l'empire allemand en absorbant tous les petits États allemands indépendants avant et en enlevant à la France l'Alsace et la Lorraine, et au profit de la Maison de Savoie que se formait le Royaume d'Italie, au détriment de la Papauté et de la Maison de Bourbon à laquelle elle enlevait la Sicile, Naples, Parme, etc. Ce que la politique du Roi de Prusse et du duc de Savoie leur faisait empêcher en 1700, leurs successeurs l'accomplissaient, à leur profit, en 1870 et l'Europe laissait faire !

Les hommes politiques de 1870, moins clairvoyants que leurs ancêtres, n'ont pas vu un danger dans ce bouleversement de l'Europe qui, aujourd'hui, pour maintenir une paix bien éphémère, s'épuise dans un armement formidable.

Par suite, ne voyez-vous pas, monsieur le diplomatique, que ce qui pouvait être, en 1700, un danger européen — la réunion de la France et de l'Espagne sous le sceptre de leur Roi salique, du Roi désigné par Dieu — peut et doit devenir, en 1900, son salut en opposant aux Germains L'EMPIRE DES LATINS ?

Croyez-vous que le grand empire Slave, dont la race a tant d'affinités avec la race latine, verrait d'un œil indifférent la constitution d'un empire d'Occident sous le sceptre du descendant de la doyenne des familles monarchiques ?

Ce que vous avez, monsieur Borbon y Castelvi, qualifié légèrement d'un acte d'imbécillité pourrait bien être une conception d'un génie supérieur ayant grâces d'État comme désigné par sa naissance, c'est-à-dire par Dieu, pour la réaliser.

Qu'en pensez-vous maintenant ?

XIV

Arrivons enfin à la sommation que M. de Valori a fait adresser au journal l'*Avant-Garde de l'Ouest*, et qu'il reproduit en entier aux pièces justificatives de sa brochure.

Pour y répondre, nous n'avons qu'à insérer la lettre suivante que M. le comte Melgar, grand-maître de la Maison du duc de Madrid, écrivait le 26 mai 1896 à M. le comte Urbain de Maillé, avec autorisation de la publier :

« Dans la sommation insérée dans l'*Avant-Garde de l'Ouest* du 7 septembre 1895, tous les faits sont imaginaires.

« 1° IL NE M'A JAMAIS ÉCRIT, NI LE 27 NOVEMBRE 1891, NI A AUCUNE DATE, QU'IL VOUS DÉSIGNAIT AU ROI COMME SON SUCCESSEUR ;

« 2° *Je possède la lettre autographe du comte de Chardonnet disant que* C'EST VALORI QUI VOULAIT SE RAPPROCHER DU ROI et non le ROI DE VALORI ; *le Roi, selon le comte de Chardonnet, et* ACCÉDANT AUX PRIÈRES INSTANTES DE CELUI-CI, daignait pardonner, si Valori exprimait ses regrets pour ses écarts de paroles ;

« 3° Le Hongrois qu'il veut mêler dans cette affaire s'appelle le baron Nicolas de Vay, appartenant à la première noblesse de Hongrie ; *je possède sa lettre autographe déclarant au Roi que* JAMAIS LE ROI NE L'A CHARGÉ DE DIRE QU'IL voulait se rapprocher de Valori, MAIS SEULEMENT QU'IL ÉTAIT DISPOSÉ A pardonner. Si, dans la même lettre autographe, le baron de Vay déclare que, me rendant à ses prières pressantes, je suis allé le rejoindre à Monte-Carlo, en décembre 1893, JE N'ÉTAIS PAS ENVOYÉ EN négociateur, *mais pour dire textuellement à Valori que* LE ROI METTAIT COMME CONDITION A SON pardon QUE VALORI FASSE DES excuses à M. du Bourg *et que même* SI LE ROI ACCÉDAIT A pardonner, IL N'ACCÉDERAIT JAMAIS, A AUCUNE CONDITION, à lui accorder l'honneur de sa représentation. J'ai dit cela carrément à Valori, comme c'était mon devoir, et le seul témoin de la scène, le baron Nicolas de Vay, *l'assure ainsi sous sa signature*, qu'il autorise à produire en tout lieu;

« 4° Quant au comte de la Roche, il est à Paris, *vous pouvez l'interroger sur la* PRÉTENDUE VISITE DU ROI AU NAÜNDORF. »

Le comte de la Roche, interrogé par nous, a confirmé l'assertion du comte Melgar quant à la prétendue visite du Roi au Naündorf.

Faisons aussi remarquer que dans cette même sommation, le prince de Valori y disait que si don Carlos lui écrivait : « *Je prétends à la Couronne de France, je suis Charles XI* », il s'inclinerait. Mais aujourd'hui, dans un renvoi, il ajoute : « PLUS AUJOURD'HUI LES DÉLAIS SONT ÉCOULÉS, DON CARLOS EST RAYÉ DE LA LISTE DES ROIS DE FRANCE. »

M. de Valori s'arrogeant le pouvoir de faire et de défaire des Rois, c'est tout simplement... fin de siècle!

XV

Pour conclure, tout se résume à savoir si le général de Borbon y Castelvi est *Roi de France* aux termes de la Loi salique et des Constitutions modernes qui consacrent le droit de primogéniture?

A part la question secondaire du mariage *morganatique*, ainsi qualifié par l'almanach de Gotha depuis plusieurs années, *sans avoir été rectifié*, ses aînés dans la Maison d'Anjou ont-ils renoncé au trône de France?

Toute la question est là.

Nous avons vu que, tant que M. de Valori a été le représentant de don Carlos, en France, il n'a cessé de le proclamer ROI DE FRANCE ET D'ESPAGNE, et de le dénommer Charles XI et Charles VII. Depuis qu'il ne l'est plus, le souverain est spontanément déposé par lui.

Fort bien, mais le prince Jacques a-t-il abdiqué, ainsi que les autres princes qui ont la primauté de l'aînesse?

A quelles archives trouverez-vous les actes d'abdication ?
Ce n'est vraiment pas sérieux. Ce n'est pas par génération
spontanée qu'on peut improviser un Roi de France !!!
C'est la réponse topique, et la seule nécessaire.

Paris, en la Fête-Dieu,
le 4 juin 1896.   LE COMITÉ CENTRAL LÉGITIMISTE.

Par son ordre,

Le Secrétaire,

BEVENOT DES HAUSSOIS.

PIÈCES JUSTIFICATIVES

ET

ANNEXES.

PIÈCES JUSTIFICATIVES

A

DÉCLARATION

DU CHEF DE LA MAISON DE BOURBON

LE 14 DÉCEMBRE 1887

Je vous remercie, Messieurs, des hommages de dévouement et de fidélité que contient l'Adresse qui vient de m'être lue, et, tout spécialement, des sentiments de condoléance que vous m'exprimez au sujet de la mort de mon bien-aimé père.

Je savais que les plus rudes épreuves n'avaient pu ni ébranler votre foi ni abattre votre courage.

Je félicite les légitimistes de France qui ont choisi, pour interprète de leurs vœux, le petit-fils d'un des plus illustres chefs des mémorables guerres de la Vendée, le royaliste à qui ses services personnels ont valu l'honneur de porter le drapeau blanc aux obsèques de ma vénérée tante, Mme la comtesse de Chambord.

Je profite volontiers de l'occasion que vous m'offrez de m'expliquer sur l'importante question dont vous venez de m'entretenir.

Je suis en exil...

JE NE VEUX VOIR DANS LES DROITS QUE ME DONNE MA NAISSANCE QUE des devoirs à remplir.

INCONTESTABLEMENT, LA LOI SALIQUE RÈGLE D'UNE MANIÈRE PRÉCISE L'ORDRE DE SUCCESSION.

JE SUIS L'AÎNÉ DES BOURBONS, L'AÎNÉ DES DESCENDANTS DE LOUIS XIV.

Je suis aussi l'aîné des descendants de Philippe V, et par

conséquent, d'après la loi espagnole, le roi légitime d'Espagne.

Un traité, dont la plupart des articles ont été violés,
défend la réunion sur une même tête des deux couronnes
de France et d'Espagne.

J'ai dit que je n'abandonnerai pas l'Espagne; je le répète
aujourd'hui.

Elle m'a lié à ses destinées par les flots de sang généreux
qu'elle a versé sous mes yeux. Je le jure, je ne l'abandonnerai jamais !

Mais, devenu, par la mort de mon bien-aimé père, LE
CHEF DE LA MAISON DE BOURBON, J'AI LE DEVOIR DE RÉSERVER
TOUS LES DROITS QUI APPARTIENNENT A MA FAMILLE.

*Ayons confiance en Dieu, source de tous droits et de toute
autorité. Livrons-nous à sa Providence qui conduit les
événements.*

A l'exemple de mon oncle, M. le comte de Chambord,
dont la mort a été un si grand malheur pour l'Europe et
en particulier pour la France, *ne pactisons jamais avec
la Révolution qui opprime l'Église et ruine les États,*

ET GARDONS INTACT LE DÉPÔT DES PRINCIPES QUI, SEULS,
SAUVERONT les peuples de la race latine, EN LES RENDANT A
LEURS TRADITIONS MONARCHIQUES ET CHRÉTIENNES.

B

CONSÉCRATION AU SACRÉ CŒUR

PAR DON CARLOS

Venise, le 11 juin 1889.

Mon cher du Bourg,

Vous gardez avec moi et comme moi le culte et la mémoire de mon oncle, le comte de Chambord, qui, pendant de longues années vous avait appelé près de lui à une mission de confiance. Après sa mort, vous êtes resté fidèle à son drapeau, aux grands enseignements politiques que du fond de son exil il avait su mettre en si vive lumière, et au principe de la légitimité dont il a été, en France, le gardien et le représentant comme l'aîné des Bourbons.

J'aime à évoquer le souvenir de cette grande figure, qui restera toujours chère à mon cœur de neveu et qui est pour moi *un guide aimé dans l'accomplissement de mes graves devoirs vis-à-vis de l'Espagne* COMME VIS-A-VIS DE LA FRANCE. *Devenu chef de la famille de Bourbon, j'ai affirmé et maintenu tous ses droits.* En présence de la désorganisation sociale toujours grandissante, JE VEUX LES AFFIRMER DE NOUVEAU en m'unissant à la partie saine de ces deux nations, pour appeler l'aide de Dieu et implorer sa miséricorde.

Dans cette année 1889, la Révolution célèbre le centenaire de son affirmation fondamentale : *la révolte sociale contre les droits de Dieu.* Nous qui avons le bonheur d'être restés fidèles aux traditions millénaires, nous répondons au centenaire de 1789 par celui des consolantes communications de Notre Seigneur Jésus-Christ à l'humble religieuse de Paray-le-Monial.

Je désire participer aux hommages publics rendus au Sacré Cœur par les catholiques de France, de la même manière que je l'ai fait en Espagne pour la commémoration du treizième centenaire de la conversion du roi Récarède.

L'incontestable protection de Dieu se montre à tous les instants de l'existence de ces deux grandes et glorieuses nations. C'est aussi en revenant à lui que nous retrouverons la base indispensable à la reconstitution de leur état social désorganisé et démoralisé. La religion de nos pères nous rendra ce qu'elle leur avait donné : *l'esprit de devoir, le désintéressement, l'honnêteté et le dévouement patriotique.*

Dans le temps, vous avez reçu de mon oncle, le comte de Chambord, la mission de porter à Paray-le-Monial, l'expression de sa piété et de sa foi. *Héritier de ses droits* comme de ses sentiments, je désire aujourd'hui que vous soyez mon mandataire au lieu même où Notre Seigneur a fait entendre son appel au roi de France et à tous les fidèles catholiques.

Je vous envoie le document ci-inclus, que vous déposerez au sanctuaire *comme témoignage des hommages, des prières et de la confiance des petits-fils de Louis XIV, dans la protection et la miséricorde du Dieu de Clovis et de Récarède, de Pélage et de Charlemagne, de Jeanne d'Arc et d'Isabelle la Catholique, de saint Ferdinand et de saint Louis,* POUR REMPLIR LEUR MISSION EN CE MONDE.

. Dieu vous garde, mon cher du Bourg, selon les désirs de Votre bien affectionné,

CARLOS.

ACTE DE CONSÉCRATION

La Révolution, en envahissant l'Espagne et la France, a renversé les trônes légitimes pour arriver à saper plus aisément leur foi catholique. Ce sera l'éternel honneur de ma famille d'avoir versé son sang et d'avoir été la première victime dans toutes les phases de cette lutte de la Révolution contre le droit national et contre l'Église. Fils et héritier de ces princes qui ont présidé aux glorieux faits de l'histoire de ces peuples comme à leurs justes revendications nationales, je redis, comme mes pères, mon amour et mon dévouement pour eux, et j'offre mes hommages et mes adorations à Dieu seul, qui les avait faits si grands et qui peut, dans sa miséricorde, les sauver.

Les droits que je revendique, je les tiens de Dieu seul, et c'est à lui que j'en appelle des malheurs qui accablent ces généreuses nations et des dangers qui les menacent. Fort des liens qui m'unissent à la France et à l'Espagne, et résolu à tout tenter pour remplir mon devoir, je demande à Dieu pitié et miséricorde, et je redis, avec tous ceux qui prient et espèrent : Cœur de Jésus, sauvez l'Espagne et la France !

Fait au palais Lorédan, à Venise, le 11 juin 1889.

CARLOS.

C

LETTRE

DU SUCCESSEUR SALIQUE ET LÉGITIME HÉRITIER DE CLOVIS

PAR DROIT DE PRIMOGÉNITURE

A SON REPRÉSENTANT M. LE COMTE URBAIN DE MAILLÉ

Venise, le 8 février 1895.

Mon cher comte,

C'est avec autant d'émotion que de reconnaissance que j'ai lu l'éloquente Lettre adressée par Sa Sainteté le Pape Léon XIII, au cardinal Langénieux, archevêque de Reims, *la ville où se faisaient sacrer les Rois de France*, MES AÏEUX.

En accordant à la France la faveur unique d'un jubilé national pour célébrer le quatorzième centenaire de la conversion des Francs et du baptême de Clovis par saint Remi, *le Souverain Pontife daigne employer des mots qui m'ont profondément touché.*

CHEF DE LA MAISON DE BOURBON ET L'AÎNÉ DE SES PRINCES, je ne puis qu'être ému des appels du Saint-Père aux Français pour qu'ils s'unissent dans la *vérité* et la *justice*, et qu'ils se persuadent que l'OUBLI DES PRINCIPES *qui ont fait leur grandeur les conduirait à la décadence.*

Ces solennelles paroles et le rappel à la loi salique, BASE DE MES DROITS, me vont au cœur et sont une précieuse récompense pour *mon immuable persévérance à défendre les mêmes idées.*

FILS AÎNÉ DE L'ÉGLISE, comme SUCCESSEUR de *Clovis* et de *saint Louis*, de *Louis XIV* et de Henri V, je remercie filialement le Vicaire du Christ de l'hommage rendu par Lui au glorieux passé du peuple français.

Il y a peu d'années, ma chère Espagne exultait de joie pour fêter une autre solennité religieuse et nationale tout à fait pareille, le même centenaire de son entrée dans le giron de l'Église par la conversion de Récarède.

J'y ai été noblement représenté par votre digne ami le marquis de Cerralbo.

Je vous charge, mon cher Maillé, de me représenter à votre tour en France et de vous associer, en mon nom, aux grandes cérémonies du jubilé national pour le *Baptême de Clovis.*

Que Dieu vous ait en sa sainte garde et croyez-moi
Votre bien affectionné,

Carlos.

D

LES CONDITIONS

DE L'ENTREVUE DU 5 AOUT 1873

Les pourparlers pour l'entrevue du 5 août 1873, commencèrent en décembre 1872 ; ils donnèrent lieu à l'envoi d'instructions précises de Monsieur le comte de Chambord, instructions contenues dans les trois notes suivantes.

1re *Note.* — Monsieur le comte de Chambord sera charmé de recevoir les princes d'Orléans, quand ils viendront à lui ; mais, avant qu'aucune relation de famille soit renouée, IL FAUT :

1° Qu'ils reconnaissent le principe de la légitimité ;

2° Qu'ils reconnaissent, par conséquent, son représentant comme roi ;

3° Qu'ils *reprennent leur rang dans la famille royale* SANS AUCUNE CONDITION.

Car Monsieur le comte de Chambord n'*en peut accepter aucune.*

Ce n'est pour lui ni une question personnelle, ni un acte de rancune particulière, car il n'en a pas dans le cœur.

C'EST L'ACCOMPLISSEMENT D'UN DEVOIR. **Le principe qu'il représente ne lui appartient pas.** IL N'EN EST QUE LE GARDIEN. Il est convaincu que dans ce principe réside le salut de la France, et c'est pour cela qu'IL VEUT LE **conserver intact.**

Que signifieraient ces commentaires sur les exigences du principe de la légitimité, si le rang de Monsieur le comte de Paris, dans la famille royale, était celui d'un successeur ?

2° *Note.* — Il faudrait que le comte de Paris dise qu'il vient reconnaître le principe et se placer à son rang dans la famille. S'il fait de sa démarche une visite purement de famille, Monseigneur ne le laissera pas sur ce terrain, mais l'en fera sortir, en lui disant : « JE CONSIDÈRE VOTRE VISITE COMME LA RECONNAISSANCE DU PRINCIPE QUE JE REPRÉSENTE, LA PREUVE DU DÉSIR QUE VOUS AVEZ DE RÉTABLIR L'UNION DANS NOTRE FAMILLE EN VOUS PLAÇANT **à votre rang et sans condition.** »

Si Monsieur le comte de Paris se plaçait sur le terrain de la question constitutionnelle, Monseigneur lui dirait : « JE CONSIDÈRE QUE VOUS ADHÉREZ ENTIÈREMENT A MA POLITIQUE. »

3° *Note.* — 1° Qu'on ne les pousse pas à faire une visite de famille pure, ce qui amènerait probablement la rupture ;

2° S'il y a négociation, on doit EXIGER d'eux de ME DIRE LA PHRASE DE RECONNAISSANCE DU PRINCIPE DÈS MAINTENANT ET **de la reprise de leur rang dans la famille ;**

3° Dans ce cas, pas de conversation sur la constitution ; *on ne s'entendrait pas probablement ;*

4° S'ils font une visite sans prévenir, ce qui ne vaudrait rien, *je leur* dirai la phrase déjà mentionnée ;

5° S'ils parlent constitution, drapeau, vraisemblablement tout sera rompu ;

6° Donc ne pas aller à la visite dans de mauvaises conditions, *et bien s'entendre d'avance sur ce qu'ils diront ;*

7° Bien se persuader que dans leurs dispositions actuelles, AVEC LEURS RÉTICENCES, *il y a les plus grandes chances d'une rupture définitive;*

8° Point de compliments de *ma part* de leur présence à la chapelle expiatoire [1];

9° On envoie une copie d'une note de 1853 [2].

E

ORIGINE ET ALLIANCES DES ROHAN

ORIGINE

Moréri rapporte (tom. IX, édition 1759, p. 298) qu'on lit dans *Grégoire de Tours* et autres historiens que les terres possédées par les COMTES DE **Porrhoët** *(ancêtres des* VICOMTES DE **Rohan**) portaient le nom de royaume. C'était en effet le séjour habituel des anciens rois, leurs ancêtres.

L'Art de vérifier les dates fait descendre les rois de Bretagne de **Conan-Mériadec** [3], prince d'Irlande, en 384, marié à la sœur de SAINT PATRICE. Il fut grand-père de SAINT SALOMON, roi d'Armorique, bisaïeul d'**Hoël I**, père de SAINT LUNAIRE et de **Hoël II**. La généalogie rapportée par le savant *Dom Morice, Histoire de Bretagne*, tome I, p. 838 et 839, et *Cartulaire de Quimperlé*, p. 22 et 28 (Bib. nation., L K 7 22347), remonte entre autres ascendants à **Jean-Reith**

---

1. Cette année-là, pour la première fois, M. le comte de Paris assista à la messe du 21 janvier, anniversaire de la mort de Louis XVI.

2. Relative à la visite du duc de Nemours, dont on avait aussi exigé une phrase très nette. Ce rapprochement fut rompu en 1856 par les princes d'Orléans.

3. Voir la généalogie des rois d'Irlande issus de *Mileadh*, conquérant de cette île plusieurs siècles avant Jésus-Christ, qui descendait de vingt générations de rois d'Espagne légendaires issus d'un roi de Phénicie dont le petit-fils fut converti par Moïse et aborda en Espagne. Telle était l'opinion des bardes. Larousse, *Grand Dictionnaire*, dit que ces chroniques sont certaines (article de *Mileadh*). Voir *Annales d'Hibernie*, O'Connor, tome III, p. XXVI.

Hoël II, roi de Bretagne, duc de Domnonée et Porrhoet, mort en 547. Le duché de Domnonée correspondait en grande partie au département des *Côtes-du-Nord*, soit au Penthièvre, capitale de Saint-Brieuc, et le Porrhoet à l'arrondissement de *Loudéac* et à la partie nord du *Morbihan* en s'étendant un peu en *Ille-et-Vilaine* jusqu'à *Redon*. Nous le prouverons par la charte de Guéthénoc II. Le Porrhoet et le comté de Vannes formaient le Broguérech, du nom de Guérech, l'un des fils de Hoël Ier, comte au temps de Chilpéric Ier et mort en 547. C'était donc le *Morbihan* en entier. (Voir *Le Baud, Histoire et chronique de Bretagne*, L K², 448, p. 125, Bibl. nation.) Voir aussi *Longnon, Atlas historique de France*, pour les limites du Broguérech et Porrhoet. Le fils de Hoel II fut Daniel-Unva, comte de Cornouailles, appelé comme roi Alain Ier, père de Gradlon-Flain, comte de Cornouailles, qui fut père de Congar-Cheroenuc, comte de Cornouailles. Le roi Alain Ier avait pour fils aîné Hoël III, père de saint Judicaël, qui faisait sa résidence en Porrhoet et Domnonée et mourut dans un cloître en 658. (*Vie des Saints*, voir celles de *saint Judicaël* et de ses frères *saint Josse* et *saint Winoc* et de leur sœur *sainte Ouenna*.) L'*Art de vérifier les dates* nous raconte que la *Cornouailles* fut divisée entre les descendants de saint Judicaël. En effet, le *Poher* et le *Léon* furent bientôt indépendants de la *Cornouailles* proprement dite, dont la capitale était Quimper. Alain II, fils aîné de saint Judicaël, fut père de Conan, père de Daniel, père de Budic-Mur le grand, lequel fut comte de *Cornouailles* après Congar-Cheroenuc dont nous avons parlé. Budic-Mur est père de Tradleuc, père de Gralon, père d'Alfred-Alfondam, dit aussi Ales-Budon, père de deux fils.

L'aîné, Diles-Vinogo Heergu-Kembré, par corruption Gurmaillon, roi de *Cornouailles* et de toute la Bretagne, fut père de Budic-Vinogo, père de Bénédict II, père d'Alain-Canhiart, duc de *Cornouailles*, père d'Hoël, gendre d'Alain, duc de *Bretagne*, père d'Alain-Fergeant, duc de Bretagne, mort en 1119, mari d'ERMEN-GARDE d'Anjou, père de Conan LE GROS qui de MATHILDE d'Angleterre eut la comtesse EUDON DE Porrhoët, dont le mari était le neveu d'Alain Ier de Rohan.

Le cadet, Mathuédoi, comte de *Poher*, qui est un démembrement de la *Cornouailles*, chef-lieu *Carhaix*, fut marié à la fille du duc **Alain Ier** LE GRAND qualifié aussi roi (*Le Baud*, p. 126), fondateur du château de Nantes avant 907 et mort au château de *Rieux* qui est en *Porrhoët*. Celui-ci était petit-fils du premier duc **Noménoé** en 848, après l'expulsion des Francs (*Le Baud* raconte comment le titre de roi ne fut plus repris depuis l'invasion des Normands). — **Noménoé** était oncle de **Salomon III**. Ce dernier était héritier de la princesse **Roiantlec** qui demanda que ses filles soient comme les sœurs du roi, et lui donna *Plunaugat en Poutrecoët* (*Paudouvre* ou *Porrhoët*). La donation donne comme limites au *Porrhoët* les rivières d'*Arguenon*, de la *Rance*, les *bois*, l'*Oust* et le pays de *Vannes* (Geslin. *Évéchés de Bretagne*, tome Ier, introduction, page LXX; Bib. nat., LK³ 566, in-8). On y voit que **Roiantlec** était fille de **Lowenan**, fils d'**Argant** (prince de *Léon* et neuvième roi d'*Astryne*, d'après le P. *du Pas*, vol. relié 585; Bib. nat., manuscrits), fils de **Constantin**, fils de **Judon**, fils d'**Urbien**, fils d'**Urbihan**, l'un des fils de saint **Judicaël**, mort en 658, dont nous avons parlé.

Ce **Mathuédoi** avait un fils : **Alain II** BARBE-TORTE, « NUTU DEI DUX » *duc par la grâce de Dieu* (p. 156 du *Cartulaire de Landévennec*, dont nous allons parler). Il est qualifié, dans *Bouillet*, *Atlas généalogique*, de comte de **Dol** et de **Nantes**, et par *Le Baud* (p. 132, 134, 136), de comte de **Vannes**, mort en 952. Or, s'il avait Vannes, il n'avait que la moitié du pays de BROGUÉRECH composé, comme nous l'avons dit, des comtés de VANNES et de PORRHOËT qui est la possession primordiale des Rohan, dit aussi par *La Chesnaye des Bois*, issus des comtes de **Vannes** (à l'article des du Perrier,

1er paragraphe, et par le P. *Anselme*, t. IV, p. 51, en tête de l'article des Rohan, ainsi que par *Moreri*, t. IX, p. 298). Donc **Alain II** avait un frère qui avait l'autre moitié du Broguérech, c'est-à-dire le Porrhoet. Mais comme les enfants d'Alain II n'avaient que la ville de Nantes, car ils étaient bâtards, après la mort d'**Alain II**, un certain comte **Noménoé** fut de nouveau comte de tout le Brouverec comme il se voit dans la charte 40 du *Cartulaire de Landévennec* (p. 164), publié par *A. de la Borderie* (1888, Bib. nat., L K 7 26253). Dans une charte précédente de ce cartulaire, (p. 156), **Alain II** vivait encore avant 952 et **Noménoé** signait avec les deux fils d'**Alain**, sans être encore qualifié comte. Or, dans la charte 40 qui doit être d'après 987, année de la mort du dernier des deux comtes de Nantes, fils d'Alain II, puisqu'ils ne sont plus signataires, un certain **Moysen** (prononcez *Moisan*) stemate regalium ortus (*issu de la race des rois*) fait un don en Brouverec. Il est assisté du comte Judhaël, c'est-à-dire comte de Rennes (voir *Atlas général*, de *Bouillet*, p. 449), puis du comte **Noménoé** (évidemment le comte du pays de Broguérec, très probablement frère d'Alain II et de **Moysen**). Après les signatures de l'évêque et du vicomte de la contrée, on met : *Signum Filii. Signum Uuethenoc.* C'est le fils du donateur, et certainement le père de **Guéthénoc II**, ancêtre des comtes de Porrhoët et des **Rohan**, que nous verrons posséder tout le comté de Porrhoet, ce qui prouverait que le *comte* de Brouverec, **Noménoé** serait mort sans enfant, et que **Moysen**, père de **Guéthénoc Ier**, serait son frère, et non pas son cousin, puisque **Matuédoi**, comte de *Poher*, cadet de *Cornouailles*, ne possédait le *Broguérech* et *Porrhoët* que comme gendre d'**Alain Ier** le grand et que **Noménoé** et **Moysen** n'ont pu posséder le Broguérech qu'au même titre qu'**Alain II**, c'est-à-dire comme leurs frères et héritiers.

Ce **Vuéthénoc Ier** que nous allons voir appelé par abréviation Thénoc, par son fils **Guthénoc II**, vivait donc en 987.

A une époque postérieure au *Cartulaire blanc de Saint-Florent* de Saumur, **Eudon**, vicomte de **Porrhoët**, petit-fils de **Guéthévoc II**, comte de **Porrhoët**, et père d'**Alain Ier de Rohan**, assiste en 1086 à la fondation du prieuré de Saint-Florent-sous-Dol, par **Alain-Fergeant**, duc de BRETAGNE (*Cartulaire blanc de Saint-Florent* de Saumur; Bibl. nat., manuscrit). Cette fondation dut avoir lieu en souvenir des reliques de saint Méen, saint breton du sixième siècle, vivant au temps du comte de **Gaël-Caduon**; or, *Geslin* (p. LXX de l'introduction de ses *Anciens évéchés de Bretagne*) dit que saint Judicaël, roi de *Bretagne*, s'était retiré, en 638, à l'abbaye fondée en l'honneur de *saint Méen*, et y mourut en 658, et que son descendant, **Noménoé**, issu des anciens roi bretons **Domnonéens**, avait sa résidence au PORRHOËT en GAËL, où il possédait le pays où fut bâti **Rohan** dans la suite. Ces reliques de *saint Méen* furent transportées à *Saint-Florent* de Saumur, à cause des Normands, au neuvième siècle (*Le Baud*, p. 124). Or nous trouvons au même *Cartulaire blanc de Saint-Florent* (f° 71 v°), **Guéthenoc**, fils de **Toioc** (nom mal lu par *Chérin*, c'est **Ténoc** évidemment, abréviation de **Guéténoc**), comme on disait le pays de *Pou* pour *Poukaer (Poher)*, (*Cartulaire de Landévennec*, p. 170). Il est présent à la fondation en faveur du prieuré de Liré par **Geoffroy Ier**, duc de *Bretagne* dès 992. C'est évidemment ce **Guéthénoc II** dont nous allons parler.

Si le P. *Anselme* (tom. III, article de CONAN, comte de BRETAGNE) parle d'un **Juhaël**, comte de **Porrhoët**, il ne pouvait l'être que par droit de conquête, comme fils du terrible **Conan de Rennes** et frère du duc **Geoffroy**, comte de **Rennes**. Or, à l'article de la *princesse* **Roiantlec**, vivant en 848, nous avons dit que le **Porrhoët** était primitivement plus étendu puisqu'il comprenait l'espace occupé au Nord entre les rivières de l'*Arguénon* et de la *Rance*. Il faut nécessairement que ce **Juhaël**, fils de **Conan**, ait eu en partage cette partie du **Porrhoët** conquise par son père et correspondant à l'arrondissement de **Dinan** où, en effet, **Guéthénoc II** DE **Porrhoët**, chef des **Rohan**, ne possédait aucune terre d'après une donation dont nous parlerons tout à l'heure. D'ailleurs, aucun des fils de **Conan**, dans les nombreuses chartes de sa famille, ne s'est appelé **Guéthénoc**. **Guéthénoc** était *plutôt descendu de la famille d'Alain II, fils de* **Matuédoi** DE **Poher**, et comte de **Porrhoët**, puisque dans *La Chesnaye des Bois* (article de la *Rivière de Mur*) on trouve que ces derniers, *issus des* **Poher**, SONT JUVEIGNEURS de **Rohan**, ce qui veut dire CADETS des **Rohan**.

Guéthénoc II, comte de **Porrhoët** (chef reconnu de la maison de **Rohan**, d'après le P. *Anselme*, t. IV, p. 51), prouve encore sa descendance des anciens possesseurs royaux du comté de **Porrhoët** par la charte importante qui suit : « Donation de **Josselin**, son fils, comte de **Porrhoët**, et fondateur du château de **Josselin** (voir Lc ¹³ 379, *Revue historique de l'Ouest*, année 1894; — *Cartulaire du Morbihan*, pièces 149, p. 29 et 156, p. 36, où la charte est répétée une deuxième fois). Il donne en 1060 à l'abbaye de *Redon*, après transport par son père du château de *Thro* sur les bords de l'Oust, les bourgs suivants : *sparsim per parrochias suas (dispersés en ses paroisses)* CRANNA et TINSEDIO, dans lesquels se trouve l'église Sainte-Croix, PLUCGADUC en *Keminet* (c'est-à-dire *Guéménée en Cornouailles)*, FOSSAT, CRIAT en *Lannois* (la NOÉE en *Porrhoët*, TERRE PRIMITIVE DES **Rohan**), KERKERNAM en *Gillac*, TREUBLEN en *Loyal* (au nord de *Ploërmel)*, CORRINBUHUCAN en *Quilir* (QUILY, au midi de *Josselin* et de *Ploërmel)*, KERLOERN en MUTHON (probablement MOHON, à l'est de la forêt de la NOUÉE ou NOÉR, et très près au midi de la TRINITÉ, *ancienne capitale du* **Porrhoët**), KERIDLOEN en *Mirnac alias* MINIAC (MÉNÉAC, au nord-est de la *Trinité)*, KERMOIL en *Plumiuc* (PLUMIEUX, à l'ouest de la *Trinité)*, KERMELANNAN *alias* KERMEBENNAN en *Lœduiac* (*Loudéac*, Côtes-du-Nord), TRESMES en *Nuial* (NOYAL, entre ROHAN et PONTIVY), CORDAN ou COIDAN en *Pluhuduc* (PLOUERDUT en

Cornouailles, à l'ouest de Guéménée qui est lui-même à l'ouest de Pontivy), Choitmesun *alias* Chortmesun en *Niviliac alias* Nulliac (Nulliac, au nord de Pontivy). Toutes ces terres sont répandues sur le territoire de *Loudéac, Pontivy* et *Malestroit*, et sont comprises entre *Plouerdut* et *Ploërmel*, ce qui correspondait à presque la largeur du Morbihan[1]. C'est une preuve confirmative de l'étendue du Porrhoët possédé par le duc Alain Ier le grand, en 877. Cette donation de 1060 répétée deux fois, prouve que Roger et Eudon sont fils de Josselin. — Preuves de la filiation des Rohan issus de Guéthénoc et de Josselin (même Cartulaire du Morbihan, *Revue historique de l'Ouest*, 1894, Lc ¹⁸ 379, page 42, pièce 167). Acte par lequel Eudon eut pour fils aîné Josselin, mort sans postérité (page 63, pièce 193); le vicomte Geoffroy II est en 1118, fils d'Eudon (page 61, pièce 191); en 1116, Geoffroy II, vicomte de Porrhoët, fait un accord avec ses frères Alain, devenus de Rohan en 1128, et Bernard (page 67, pièce 197). Eudon II, *comte* de Porrhoët de son chef, et *duc* de Bretagne par son alliance, en 1148, avec la veuve d'Alain le Noir, *comte* de Rennes, Berthe, fille de Conan III, comte de Cornouailles, comme le Porrhoët, était neveu d'Alain de Rohan comme fils de Geoffroy II, d'après la charte de *Saint-Florent* de 1109 où il se dit premier témoin de son père (Bib. nat. L M³ 1291, page 19).

Or le titre de comte était porté par Eudon avant son mariage et avant la mort du *duc* Conan, son beau-père, par Geoffroy, prieur de Vigeois en Limousin, auteur contemporain.

---

1. Or on lit aux Archives nationales, dans l'*Histoire généalogique manuscrite de la maison de* Rohan (registre M. M. 758, page 32), que les grands jours du duché de Rohan se tenaient à Pontivy. L'auteur ajoute que les jugements rendus par les sénéchaux de Guiaret, de la Chèze, de Loudéac et autres premiers juges, les plaids rendus à Noïal, pour les hommages, étaient présidés par le grand sénéchal.

Eudon ayant été contraint par Henri II, roi d'Angleterre, de céder le gouvernement à Conan, son beau-fils, on lui laissa les *comtés* de Vannes et de Cornouailles (*biens patrimoniaux*) (Archives nat. M. M. 758, page 31).

On trouve aussi (Bib. nat.) dans *dom Morice, Histoire de Bretagne* (tome Iᵉʳ, col. 133) que le même comte Eudon II avait aussi les châteaux de Josselin en Porrhoët et Ploërmel, et (col. 134) que Geoffroy, duc de Bretagne, dit dans une charte de 1175, que le comte Eudon, *habuit de dominio* Vannes, Ploërmel, Aurai, la moitié de la Cornouailles *quas revocavit in ditionem suam*, qu'il réclamait comme son *domaine héréditaire*. Or on a vu plus haut que ce domaine constituait le Broguérech *méridional*. Alain de Porrhoët, troisième fils d'Eudon Iᵉʳ et oncle de Eudon II, comte de Porrhoët et premier seigneur de Rohan, mourut en 1128. Sa première résidence fut *Castennec*. Vers la fin de sa vie, il fit construire Rohan (Renvoi pour le détail de l'acte, aux archives de M. *de la Borderie*).

Preuves données par *La Chesnaye des Bois, Dictionnaire de la noblesse*, tome XVII, 3ᵉ édition, page 467 et suiv. Il serait trop long de les rapporter toutes; voici les principales :

1° page 469, dans un mémoire du xivᵉ siècle présenté au duc de Bretagne et aux États de la province, il est dit que le vicomte de Rohan est *issu en ligne masculine* de la maison souveraine de *Bretagne;* que c'est chose notoire et de commun renom audit pays ;

2° page 470, en bas, lettres écrites, au nom du Roi Louis XIV, par MM. de Barbezieux et de Pontchartrain, en 1694 et 1698, où il est dit que les *ordres et intentions du Roi sont que la maison de* Rohan *soit traitée en toutes choses comme les maisons de* Savoie *et de* Lorraine;

3° page 472, troisième preuve, dans les archives du Vatican, année 1501, on trouve que les Rohan jouissent à

Rome des prérogatives de *Princes de naissance*; il y sont qualifiés illustrissimes et très excellents princes. Le roi de Suède, en 1602, donne au DUC de **Rohan** le titre de **très illustre prince**. La cour palatine de Deux-Ponts donne aux **Rohan**, dans des actes de 1602, 1633 et 1634, le titre de TRÈS HAUTS et TRÈS PUISSANTS PRINCES. Dans un traité conclu en 1629, entre le roi d'Espagne et le duc de **Rohan**, le dernier y est qualifié PRINCE. En 1722, le prince de **Rohan**, dans des pleins pouvoirs échangés et adoptés par la cour d'Espagne, a eu le traitement de PRINCE DE NAISSANCE, et la qualification d'**Altesse**. Les maisons de *Saxe*, de *Hesse*, de *Wurtemberg*, etc., les *Électeurs*, les *Princes-Évêques-Ecclésiastiques*, etc., donnent, dans leurs lettres aux **Rohan**, la qualification d'**Altesse Sérénissime**, ce qui caractérise en Allemagne les **Princes de naissance**;

4° page 471. Lettre écrite au nom du Roi Louis XV, par M. le comte de SAINT-FLORENTIN, le 27 avril 1757, dans laquelle il est dit que M. le duc d'ORLÉANS et M. le comte de CLERMONT, princes du sang, reconnaissent le droit et la possession où est la MAISON DE **Rohan**, de prendre la qualité de **Prince par définition d'État**, et de jouir des honneurs attachés à cette qualité;

5° même page, en bas, les Mémoires de *Sainctot*, introducteur des ambassadeurs (tome I, p. 53 et 57), le *Recueil de la Pairie* (vol. 54, p. 307), sous le titre : *Rang des Princes étrangers en France*, attestent, par des faits, que les « PRINCES et PRINCESSES DE **Rohan** jouissent à la Cour des honneurs et prérogatives attachés au titre et au rang de **Princes de** MAISON SOUVERAINE *reconnus en France* ».

ALLIANCES DES ROHAN

D'après d'anciens mémoires, on rapporte au dossier bleu Rohan, n° 577 (Bibl. nat.), que Villana, fille d'Alphonse *roi de Castille*, épousa Alain de Porrhoët, premier vicomte de **Rohan**, fils d'une princesse de LÉON et arrière-petit-fils d'une princesse de CORNOUAILLES, mariée avant l'an 1000 à Guéthénoc, comte de Porrhoët (Voir Père *Anselme*, t. IV, p. 51 et suiv., où nous extrayons ce qui suit): Alain III, petit-fils d'Alain Ier, épouse en 1160 Constance de Bretagne, grand'tante de la femme de Pierre de France, *comte de Dreux*, et petite-fille de Conan III, lequel était beau-frère de Geoffroy V d'Anjou, bisaïeul de Blanche de Castille, mère de saint Louis.

Marguerite de Thouars-Bretagne, belle-sœur de Pierre de Dreux, épousa Geoffroy, vicomte de Rohan.

La reine Jeanne de Navarre, épouse de Charles IV le Bel, était tante d'une autre Jeanne de Navarre-Évreux, issue en ligne masculine de saint Louis et petite-fille du roi Louis X le Hutin, mariée en 1377 à Jean Ier, vicomte de Rohan. *La Chesnaye des Bois* (p. 472 et 473) dit que par ce mariage, le vicomte de Rohan devint beau-frère de Philippe de Valois, *roi de* FRANCE, de Pierre, roi d'ARAGON, et de Charles II, *roi de* NAVARRE, de la maison de France, et de Gaston II, comte de FOIX, issu des Mérovingiens. On lit à l'occasion de ce mariage dans les registres du Parlement de Paris, sous l'année 1413, que la fille du *Roi de Navarre* fut *mirablement mariée*, le vicomte de Rohan *étant moult grand seigneur en Bretagne*, du *lignage des Rois de Bretagne*.

Le neveu de Philippe VI, Robert d'Alençon, épousa en 1374 Jeanne de Rohan, nièce du chef des Rohan-Guéménée, et cousine germaine d'Alain IX qui suit.

Alain IX, vicomte de Rohan, épousa en 1407 Marguerite de Bretagne, issue de la maison de Dreux, issue d'un fils de Louis VI le Gros, et fille de Jeanne de Navarre, dont la mère était fille du roi Jean le Bon. C'est lui qui se remaria à Marie de Lorraine. Du premier lit vint :

1° Alain, mari d'Yolande de Laval, fille de Gui XIV et d'Isabelle de Dreux-Bretagne, fille de Jean VI, gendre de Charles VI;

2° Jeanne, accordée à Jean d'Orléans-Angoulême, mariée

en 1442 à François de Rieux, lequel fut père de la dame de Rohan-Guéménée et de Jean IV de Rieux, dont la belle-fille, Susanne de Bourbon-Montpensier, était la bisaïeule de la duchesse de Savoie-Nemours;

3° Marguerite épouse, en 1449, Jean d'Orléans comte d'Angoulême, grand'mère de François Ier;

4° Catherine épouse de Jean sire d'Albret, trisaïeul de Henri IV, qui avait pour grand'tante Isabelle d'Albret, mariée en 1536 à René Ier vicomte de Rohan, son cousin;

5° *Du second lit*, Alain IX avait eu Jean II vicomte de Rohan, marié en 1461 à Marie de Bretagne, fille du *duc* François et d'Isabeau d'Écosse, grand'tante de la *reine* Anne, épouse de Charles VIII et de Louis XII. — Jean II fut père d'une dame de Rohan-Guéménée, mariée en 1511, dont le petit-fils, Louis VI de Rohan-Guéménée, fut marié à une de Rohan-Gié, et toutes deux nièces de Jacqueline de Rohan-Gié, mariée en 1536 à François d'Orléans Longueville, descendu de Dunois, et *fille* de Charles de Rohan et d'une d'Armagnac, dont la mère était de la branche d'Anjou et dont le père, le comte d'Armagnac, était issu des princes d'Aquitaine de la maison mérovingienne.

Un fils du maréchal de Gié devint l'aïeul d'une duchesse de Savoie-Nemours et bisaïeul d'une de Rohan duchesse de Bavière Deux-Ponts, en 1607, dont descendent la plupart des souverains d'Europe.

En 1424, Louis de Bourbon, ancêtre de nos Rois, épousa Jeanne de Montfort-Laval et *nièce* de François de Montfort, mari de Jeanne de Rohan, mère de la dame de Rohan Guéménée, en 1463.

Les deux frères Pierre, prince de Guéménée, et Hercule, duc de Montbazon, épousèrent deux princesses de Bretagne-Avaugour, tantes de la princesse de Courtenay, dont le mari descendait de Louis VI.

En 1748, Charles-Louis de Lorraine, comte de Brionne, épousa Louise-Julie de Rohan-Rochefort, père de la princesse de **Savoie-Carignan**, grand'mère du roi **Charles-Albert** de **Sardaigne** et de l'archiduchesse **Renier d'Autriche**. **Elle** était sœur du prince de **Rohan-Rochefort**, marié en 1762 à **Marie-Henriette d'Orléans-Rothelin**, issue du fameux **Dunois**, sœur de la duchesse de **Lorraine-Elbeuf** et tante à la mode de **Bretagne** de la comtesse de **Bourbon-Busset**.

Le prince de **Lorraine-Marsan** épousa, en 1736, **Louise** de **Rohan-Soubise**, sœur du maréchal. Ce dernier, quatrième aïeul de la reine **Marie-Berthe**, fut remarié à une de **Savoie-Carignan**[1] dont la mère, née de **Savoie**, était sœur de la *reine* d'Espagne et de la *duchesse* de **Bourgogne**. Il était donc cousin-germain de **Louis XV** et de **Victor-Amédée III**, roi de **Sardaigne**, père des *comtesses* de **Provence** et d'**Artois**, et de **Victor-Emmanuel Ier**, père, 1° de la *duchesse* de **Parme**, aïeule de la *reine* **Marguerite** et 2° de la *princesse* de **Lorraine-Autriche-Este**, *duchesse* de **Modène**, mère de la *comtesse* de **Chambord** et de l'auguste mère de **Charles XI**. **De** sorte que le **Roi** est parent au degré successible avec le prince de **Rohan-Rochefort** et **Guéménée**, père de la reine **Marie-Berthe**, qui se trouve, comme le **Roi**, cousine de la reine **Marguerite**, mère du prince **Jacques**, dauphin de **France** et prince des **Asturies**.

1. **La** troisième femme du maréchal était princesse de **Hesse**, nièce des princesses de **Condé** et de **Savoie-Carignan**, celle-ci mère de la princesse de **Lamballe** et du prince de **Carignan**, gendre d'une **Rohan-Rochefort**, mariée en 1748 (voir ci-dessus), nièce également de la reine de **Sardaigne**, mère des comtesses de **Provence** et d'**Artois**, et du bisaïeul de **Charles XI** et de la reine **Marguerite**.

ANNEXES

LES ARMES DES BOURBONS

Le *Figaro* publie une série de documents qui lui sont communiqués par le prince de Valori, représentant en France de Don Carlos. C'est d'abord une lettre de Don Carlos au prince de Valori :

Mon cher Valori,

Comme mon représentant en France, je crois nécessaire de porter à votre connaissance la protestation adressée par moi à mon cousin le comte de Paris, qui, étant un cadet de ma famille, avait cru pouvoir prendre les armoiries qui m'appartiennent comme chef de notre maison.

Je ne vise pas, dans cet acte, un intérêt dynastique et je laisse aussi de côté toute question de nationalité.

C'est mon droit et mon devoir de constater ma qualité d'aîné de la Maison de Bourbon. Il s'agit d'un fait en dehors et au-dessus de toute considération politique, indépendant des liens établis par l'histoire entre les membres de ma famille et différentes nations de l'Europe.

Puis la protestation adressée par Don Carlos au comte de Paris :

Cher cousin,

Plusieurs de mes amis m'avaient fait observer que Votre Altesse Royale prenait dans ses armoiries les armes pleines des Bourbons. Le fait me paraît invraisemblable. Des documents publics m'en procurent l'exactitude. Votre Altesse Royale se sera trompée.

La France a emprunté les fleurs de lys aux aînés de notre famille, aux descendants de Hugues Capet, se succédant de mâle en mâle, par ordre de primogéniture.

C'est en vertu de cette loi, et selon les règles du blason, que moi seul, aîné des Bourbons, chef de nom et d'armes de la race de Hugues Capet, de saint Louis et de Louis XIV, et par moi encore mon fils et mon frère, nous avons le droit de porter sur l'écusson royal, d'azur, à trois fleurs de lys d'or, sans brisure.

Ces fleurs de lys, placées au milieu des armes de l'Espagne, sont aujourd'hui le symbole des droits de notre famille, que j'ai réservés pour les Bourbons, comme pour les Orléans.

Donc, mon cousin, sur quelque terrain que vous vous placiez, vous ne pouvez porter les fleurs de lys sans brisure.

En priant Dieu qu'il vous ait en sa sainte garde, je suis
Votre affectionné cousin,

CARLOS.

Venise, le 23 mai 1892.

Réponse du comte de Paris :

Stowe House, Buckingham, 30 juin 1892.

Mon cher lord Ashburnham,

J'ai relu la lettre que vous m'avez apportée hier, et cette lecture n'a fait que confirmer le sentiment exprimé sous la première impression, après l'avoir ouverte devant vous.

Ne pouvant en accepter ni la forme ni le fond, je serais obligé, dans ma réponse, d'entamer une polémique que je crois plus convenable et plus digne d'éviter entre parents.

Je m'en tiens donc à ce que je vous ai dit hier, et je saisis cette occasion pour vous dire tout le plaisir que j'ai eu à renouveler connaissance avec vous.

Veuillez me croire votre affectionné,

PHILIPPE, COMTE DE PARIS.

Et enfin une lettre du duc de Madrid à lord Ashburnham :

Venise, le 4 juillet 1892.

Mon cher Ashburnham,

Je reçois à l'instant votre lettre avec la copie de celle à vous adressée par le comte de Paris à la date du 30 juin, et je tiens à vous remercier sans retard des nouvelles preuves de dévouement que vous m'avez données dans l'accomplissement de cette mission.

Ne voulant pas voir dans la lettre de mon cousin le besoin de se dérober à une situation sans issue pour lui, je ne peux qu'applaudir à la disposition de son esprit de se refuser à entamer des discussions qui ne sont pas de mise entre parents.

Rien n'était plus loin de ma pensée que de provoquer une polémique. Ma lettre du 23 mai n'avait d'autre but que d'établir ma protestation.

Ce devoir rempli, comme aîné de la Maison de Bourbon, il ne me reste qu'à rendre public l'acte que je viens d'accomplir, avec les incidents qui l'ont accompagné.

Merci encore, mon cher Ashburnham, et croyez toujours à la constante amitié de votre bien affectionné,

CARLOS.

LE *MATIN* DU 27 AVRIL 1896

A propos du procès intenté par le duc d'Anjou (?) au duc d'Orléans, touchant la propriété du blason des Bourbons, nous recevons de M. le comte Urbain de Maillé, représentant en France du duc de Madrid, la lettre suivante :

A Monsieur le Directeur du Matin.

Monsieur,

Seriez-vous assez aimable pour insérer dans vos colonnes la lettre que je reçois de Venise ? J'avais écrit pour savoir quelle était la situation du général espagnol M. de Borbon y Castelvi, que l'on appelle à tort le duc d'Anjou, et qui, selon le *Matin* du 5 avril, intenterait un procès à S. A. R. le duc d'Orléans, au sujet du blason plein des Bourbons.

Comme vous pourrez le voir par la lettre que je vous envoie, la réponse de Venise est très nette. D'autre part, les renseignements que je suis allé prendre près d'une personnalité de l'ambassade d'Espagne ne me laissent aucun doute sur le rang qu'occupe à la cour de Madrid M. de Borbon y Castelvi. Il paraît qu'il n'y a ni le titre d'Altesse Royale ni même le rang de prince. Il est vrai que, lorsqu'il s'est rallié au gouvernement d'Alphonse XII, ce prince l'a autorisé, en lui reconnaissant son grade de l'armée carliste, à porter le nom de Borbon y Castelvi, sous lequel il figure encore dans le Gotha. Mais il n'en reste pas moins qu'il n'est considéré par les Alphonsistes que comme général espagnol, ainsi que vous pourrez vous en convaincre vous-même à l'ambassade.

Je profite de cette occasion, Monsieur le Directeur, pour vous avertir, *tout à fait en mon nom personnel*, que M. le duc de Madrid a toujours réservé les droits que lui confère sa naissance, et je défie n'importe qui de jamais me montrer un acte authentique d'abdication. D'ailleurs, la dernière lettre qu'il m'a écrite, le 8 février, au sujet des fêtes de Reims, montre assez quels sont ses sentiments.

Veuillez agréer, Monsieur le Directeur, avec mes remerciements anticipés, l'assurance de ma considération distinguée.

Comte URBAIN DE MAILLÉ.

Voici maintenant la lettre du comte de Melgar à laquelle il est fait allusion ci-dessus :

Au comte Urbain de Maillé.

Venise, le 18 avril 1896.

Mon cher comte,

Vous me demandez où trouver des renseignements sûrs, authentiques, officiels, sur la véritable situation de M. de

Borbon y Castelvi, qualifié à tort de duc d'Anjou, qui n'est pas duc d'Anjou, comme vous le savez tous, ni même n'a le rang de prince.

Je vous renvoie à l'Almanach de Gotha. Ouvrez cet annuaire généalogique, et vous y verrez (édit. de 1894, page 491) que le prétendu héritier de Monseigneur le comte de Chambord est un simple particulier, issu du mariage morganatique de S. A. R. l'Infant don Enrique, n'ayant droit ni au rang de prince, ni au titre d'altesse royale, ni même au nom de Bourbon tout seul. Il doit s'appeler, ainsi que tous les descendants de cette union morganatique, Borbon y Castelvi.

Vous avez aussi, dans la noblesse française, d'illustres familles qui portent le nom de Bourbon accolé à un autre, et qui, tout en en étant fières, à juste titre, n'ont jamais eu la prétention d'être familles princières.

Mais si vous voulez être renseigné à fond, adressez-vous à l'ambassadeur d'Espagne à Paris. Il est une autorité irré-cusable pour don Francisco de Borbon y Castelvi, qui, ayant passé de l'armée de Charles VII dans celle de la branche cadette d'Espagne, ne peut nier la compétence de ceux qu'il reconnaît lui-même pour ses maîtres.

Vous entendrez de sa bouche que le nouveau député des Cortès est un simple particulier, sans rang aucun à la cour de Madrid.

Je vous donne ces deux sources, où vous pourrez puiser.

Quant au procès héraldique intenté à Mgr le duc d'Or-léans par M. de Borbon y Castelvi, qui a des armoiries spé-ciales créées pour sa famille et acceptées par elle (voyez Almanach de Gotha, édit. de 1893, page 478), Monseigneur ne veut pas s'y faire représenter.

Mon auguste maître a pour lui non seulement le droit, mais la priorité de la réclamation, par sa lettre adressée à S. A. R. le comte de Paris, le 23 mai 1892.

Monseigneur ne veut pas, d'ailleurs, prêter au ridicule en

affectant de prendre au sérieux les prétentions d'un tiers, qui ne serait en somme qu'un cadet très éloigné du trône, même dans le cas où il ne serait pas exclu, comme il l'est, de toute possibilité d'aînesse, par sa naissance, pas du tout princière quoique très honorable.

Veuillez me croire toujours, mon cher comte, votre tout dévoué.

MELGAR.

____

LA *LIBRE PAROLE* DU 11 MAI 1896

Nous recevons de M. le comte Urbain de Maillé la lettre suivante :

Paris, le 9 mai 1896.

Monsieur le Directeur,

Permettez-moi de venir protester contre l'article que je lis dans la *Libre Parole* du vendredi 8 mai 1896. Je puis vous affirmer que M. le duc de Madrid n'a jamais signé aucun acte d'abdication. A la mort de Monsieur le comte de Chambord, son père, Jean de Bourbon a présidé les funérailles royales comme chef incontestable de tous les Bourbons, maintenant ainsi sès prérogatives de *primogéniture*.

M. le duc de Madrid, lui-même, n'a cessé d'affirmer et de réserver les droits que lui confère sa naissance, et en ce qui concerne particulièrement les armes pleines de Bourbon, il a protesté publiquement, en mai 1892, dans une lettre adressée à S. A. R. Monseigneur le comte de Paris, contre la suppression du lambel dans l'écusson de la branche d'Orléans.

M. le duc de Madrid, pour éviter certaines importunités, a pu écrire des lettres dont ont voudrait *aujourd'hui* essayer de tirer parti contre lui ; mais ces lettres ne pourraient, à aucun titre, être considérées comme une abdication, car je ne crois pas trop m'avancer en affirmant que la pensée de Monseigneur a toujours été la constitution d'un empire latin.

Quand la reine Isabelle a abdiqué au Palais de Castille, en faveur d'Alphonse XII, elle a réuni à cette occasion toutes les sommités politiques du parti de la branche cadette, et un acte authentique a été dressé et signé par tous les assistants.

Qu'on nous montre un pareil acte de M. le duc de Madrid !

La dernière lettre du duc de Madrid, que vous avez bien voulu publier, et dans laquelle il me fait l'honneur de me désigner pour le représenter aux fêtes de Reims, prouve assez qu'il n'entend renoncer à aucun de ses titres de fils aîné de l'Église et de successeur de Henri V.

Dans ledit article de la *Libre Parole*, il est allégué que le mariage de S. A. R. l'infant don Enrique, père de M. le général de Borbon y Caltelvi, n'était pas morganatique. Je comprends d'autant plus aisément votre erreur à ce sujet que moi-même, au premier abord, j'avais cru que le général était prince. Mais consultez, Monsieur le Directeur, l'almanach de Gotha; vous y verrez (édition de 1894, page 491 — édition non faite pour la circonstance) que le prétendu héritier de Monseigneur le comte de Chambord est un simple particulier issu d'un mariage morganatique et qu'il doit s'appeler simplement *Borbon y Castelvi*. Dans l'édition antérieure de 1893, page 478, vous pourrez voir en outre que sa famille a des armoiries particulières qui lui ont été accordées par la branche cadette d'Espagne, quand il eut abandonné la cause carliste. Voyez également le Gotha de cette année, pages 24 et 37; vous y trouverez que le titre de duc de Séville accordé à Enrique de Bordon y Castelvi, fils aîné de l'infant Henri, n'a pas été conféré après la mort du père.

De plus, je suis allé moi-même à l'ambassade d'Espagne pour avoir à ce sujet l'avis de personnalités dont M. le général de Borbon y Castelvi, rallié au gouvernement d'Alphonse XIII, ne peut ni contester l'autorité ni suspecter l'impartialité. Il m'a été répondu qu'à la cour de Madrid M. de Borbon y Castelvi n'a nullement le rang de prince et passe après les grands d'Espagne. Il vous sera facile de vous en convaincre par vous-même à l'ambassade d'Espagne et de voir que M. de Borbon y Castelvi n'est pas plus reconnu par les branches cadettes que par la branche aînée.

Je dois ajouter aussi, ce que j'avais évité de dire dans ma lettre au *Matin*, que ses amis et ses parents en Espagne ne l'appellent jamais que Castelvi.

Enfin, comme l'article de la *Libre Parole* est une réponse à ma lettre publiée par le *Matin* le 27 avril dernier, je compte, Monsieur le Directeur, sur votre grande loyauté et sur votre impartialité pour insérer intégralement cette lettre, en vous priant d'agréer, avec mes remerciements anticipés, l'assurance de ma considération distinguée.

Comte URBAIN DE MAILLÉ.

L'*UNIVERS* DU 17 MAI 1896

Nous avons reproduit, il y a quelques jours, une lettre du comte Urbain de Maillé et une autre du comte de Melgar, secrétaire des commandements de S. A. R. M. le duc de Madrid, faisant justice des prétentions du général de Borbon y Castelvi au titre de duc d'Anjou et aux armes de Bourbon sans brisures.

Le prince de Valori ayant apporté, dans le *Matin*, de nouvelles allégations, le comte Urbain de Maillé a répondu par la lettre suivante au rédacteur de ce journal :

M. de Valori prétend que le mariage de M. le duc de Madrid devrait être morganatique à beaucoup plus juste titre que celui de l'infant don Enrique, père de M. le général de Borbon y Castelvi. Il nous permettra de ne pas accepter son appréciation ; car si M. de Valori a le pouvoir de faire des rois, il n'a peut-être pas encore celui de les défaire.

L'infant don Enrique a été mis en disgrâce, après son

mariage, par la branche cadette qui règne en Espagne. M. le duc de Madrid, chef de la Maison de Bourbon, n'a besoin de l'autorisation de personne pour épouser qui lui plaît; et en s'alliant à la maison de Rohan, il n'a fait que se conformer au vœu de S. A. I. et R. l'archiduchesse Béatrice, son auguste mère, et qu'imiter ses aïeux. Vous pourrez voir en effet dans Moreri, tome VII, page 165, le mariage de Marguerite de Rohan, fille d'Alain IX de Rohan, avec Jean d'Orléans, comte d'Angoulême, grand-père de François Iᵉʳ, et celui de sa sœur Catherine de Rohan, fille d'Alain IX de Rohan, avec Jean d'Albret, vicomte de Tartas, trisaïeul de Henri IV, roi de France; par ce double mariage les branches royales de Valois-Angoulême et de Bourbon, c'est-à-dire les rois de France, d'Espagne et de Naples, descendent par les femmes d'Alain IX de Rohan. Enfin, à la page 601 du tome Iᵉʳ de l'*Histoire généalogique* du Père Anselme, vous verrez le mariage de René de Rohan avec Isabeau d'Albret, fille de Jean d'Albret, roi de Navarre.

Quant au rang qu'occupe à la cour de Madrid M. de Borbon y Castelvi, je maintiens énergiquement ce que j'ai déjà dit dans le *Matin* du 27 avril et dans la *Libre Parole* du 11 mai : M. de Borbon y Castelvi, d'après les renseignements *entendus* par moi-même à l'ambassade d'Espagne, est un simple particulier, député aux Cortès espagnoles, qui à la cour de la régente passe même après les grands d'Espagne et que ses amis et ses parents appellent simplement Castelvi. S'il était aussi convaincu que M. de Valori de ses droits dynastiques, il n'avait qu'à faire comme M. le duc de Madrid et à ne pas accepter la situation qu'on prétendait lui imposer.

M. de Valori nous fait un précieux aveu. Il reconnaît avoir lui-même rédigé la lettre par laquelle M. le duc de Madrid a protesté contre la suppression du lambel dans l'écusson de S. A. R. le comte de Paris. Je ne suppose pas que M. de Valori, alors qu'il était « le conseil et la plume » de mon auguste maître, ait eu l'intention de lui faire faire une usurpation. Mais d'après ce qu'il écrit aujourd'hui, je ne puis m'expliquer sa coopération à cet acte.

En effet, les lettres qu'il invoque pour affirmer que M. le duc de Madrid a abdiqué sont datées, de son propre aveu, des 14 septembre 1888, 25 février 1889 et 5 octobre 1890. Par conséquent, M. le duc de Madrid n'aurait déjà plus eu, en 1892, le droit de revendiquer les armes pleines que M. de Valori lui conteste aujourd'hui. Et lorsque tous les fidèles de la légitimité se refusent à reconnaître ces lettres pour un acte authentique et régulier d'abdication, ils ne font en somme que persévérer dans l'opinion que M. de Valori semblait avoir lui-même en 1892. Pourquoi n'est-il pas allé dès cette époque trouver les Borbon y Castelvi au lieu d'attendre quatre ans pour aller leur porter la copie d'une lettre qu'il avait déjà fait signer à celui qu'il avait l'honneur de servir autrefois?...

M. le prince de Valori se sert toujours en faveur de sa thèse de certaines lettres de M. le duc de Madrid qui pourraient sembler une renonciation ; mais il se garde bien de rappeler celles où Monseigneur a réservé les droits que lui confère sa naissance, et celle où il me désigne pour le représenter aux fêtes de Reims « comme fils aîné de l'Église et successeur d'Henri V ».

Je compte sur votre impartialité, Monsieur le Directeur, pour vouloir bien insérer intégralement ma réponse ; je n'ai l'intention de blesser aucune des personnalités en cause ; je veux seulement défendre le droit, et je ne crois pas avoir dépassé les bornes d'une loyale discussion.

LA *LIBRE PAROLE* DU 18 MAI 1896

Nous recevons une nouvelle lettre de M. le comte de Maillé, en réponse à l'article du prince de Valori, dans laquelle il déclare de la façon la plus formelle « qu'il n'a pas à modifier un iota à ce qu'il a avancé ».

Nous enregistrons volontiers cette déclaration, en répétant encore une fois que nous considérons qu'il est inutile de rouvrir le débat. Puisque le litige a été soumis aux tribunaux français, nous attendrons qu'ils se prononcent.

O. B.

L'UNIVERS DU 19 MAI 1896

M. le prince de Valori nous adresse la lettre suivante :

A M. le Directeur de l'Univers.

Paris, 17 mai 1896.

Monsieur,

Puisque vous voulez bien vous occuper de moi dans votre numéro de ce matin, je vous prie, dans votre plus prochain numéro, d'insérer les dix lignes suivantes :

Comment en 1892, lorsque sur les demandes réitérées du roi Charles VII, j'ai rédigé sa lettre à M. le comte de Paris, comment pouvais-je deviner que le duc de Séville mourrait en 1894 et que François de Bourbon réclamerait ses droits ?

Quand j'ai eu l'honneur de prêter mon concours à l'auguste prince, je croyais de toute mon âme qu'il allait porter les *armes de France pleines*. Avec douleur j'ai appris que le roi Charles VII continuait à porter les *armes d'Espagne*. La question des armoiries est d'ailleurs absolument indépendante des renonciations de don Carlos.

Les tribunaux sont appelés à prononcer entre les deux affirmations : il me semble qu'il est sage d'attendre.

Veuillez agréer, Monsieur, l'expression de mes sentiments distingués.

Prince DE VALORI.

M. de Valori a beau dire et beau faire : il n'obtiendra pas qu'on prenne son prétendant au sérieux.

M. le comte Urbain de Maillé nous communique la lettre suivante, adressée par lui à la *Libre Parole*, et que ce journal s'est borné à résumer :

Paris, le 16 mai 1896.

Monsieur le Directeur,

Dans une très longue lettre parue dans votre journal de ce matin, Valori revient sur un litige soumis actuellement aux tribunaux français. Ayant la plus grande confiance dans la justice de mon pays, j'attends sa décision et ne veux pas rouvrir le débat sur ce point; mais qu'il me soit permis d'en retenir un fait personnel. C'est le renseignement qui m'a été fourni à l'ambassade d'Espagne. A cet égard, Monsieur le Directeur, j'affirme de la façon la plus formelle, et vos lecteurs me feront l'honneur de me croire, que je n'ai pas un iota à modifier à ce que j'ai avancé. Dans tous les cas Valori n'a ni autorité ni qualité pour contester; l'ambassade d'Espagne seule peut le faire, et vous comme moi nous pouvons être tranquilles à cet égard.

Veuillez agréer, Monsieur le Directeur, l'assurance de ma haute considération.

- Comte URBAIN DE MAILLÉ.

L'AVANT-GARDE DE L'OUEST

DU 6 JUIN 1896

LA FRANCE AUX FRANÇAIS

On nous adresse la note suivante :

M. Édouard Drumont, en démasquant la juiverie maçonnique, a rendu à la France un grand service dont nous devons lui être reconnaissants.

Mais, ceci dit, nous avons à dénoncer à l'opinion publique l'étrange inconséquence, tout au moins, de la *Libre Parole* dans ses attaques à la légitimité. Elle s'est attaquée d'abord à la mémoire vénérée d'Henri V, respecté même des radicaux; aujourd'hui, elle accueille, sans même nous laisser le droit d'y répondre, toutes les faussetés, tous les outrages dirigés contre l'auguste chef de la Maison de Bourbon.

Ce journal, qui foule si singulièrement aux pieds et notre histoire et nos traditions, rêverait-il un empire socialiste avec un prince Victor?

La devise que les antisémites mettent en tête de la *Libre Parole* n'appartient qu'aux fidèles de la légitimité; seuls, ils ont le droit d'arborer ce cri de guerre : « LA FRANCE AUX FRANÇAIS ! » car ils représentent seuls la vraie France créée par leurs principes.

Tous les expédients révolutionnaires sont usés; ils vont faire place, par ordre de Dieu, à la seule solution chrétienne, à la monarchie du père de famille. Et tous les obstacles seront brisés.

UN VRAI FRANÇAIS.

L'ÉCHO DE PARIS DU 24 MAI 1896

LES ARMES DE FRANCE

Un anachronique procès est engagé devant le tribunal civil de la Seine. Le général don Francesco de Borbon y Castelvi assigne Louis-Philippe, duc d'Orléans, à l'effet de « voir dire et juger que c'est à tort et sans droit que ledit d'Orléans porte les armes de France pleines, sans brisure; dire et juger que défense lui est faite de persévérer en cette usurpation, sous une astreinte à fixer par le tribunal ». Et c'est ainsi que les trois honnêtes roturiers dont se compose la première chambre vont disposer du plus illustre blason de la chrétienté.

« Petit cadet, disait Mme de Sévigné au malin Bussy, je vous réduirai au lambel ! » Ainsi parle M. de Castelvi, récemment improvisé duc d'Anjou. Il est vrai que ce brigadier des armées d'Alphonse XIII est le fils du troisième frère de Ferdinand VII; mais son père, le duc de Séville, vice-amiral de la flotte espagnole, marié secrètement à dona Hélène de Castelvi y Stelli Fernandez de Cordova, fut démis de sa dignité d'infant le 11 mars 1867. D'un mariage contracté sans la nécessaire autorisation du chef de la famille n'a donc pu sortir un Bourbon ; et c'est sous le nom de sa mère que le demandeur au procès actuel, qui n'a place ni rang, même dans la grandesse, figure à la cour de Madrid.

Pour le défendeur, il est sans doute inutile de développer sa généalogie et son histoire. Aussi bien, tout l'intérêt du débat est-il moins dans la personne des plaideurs que dans l'objet du litige : les armes de France !

« France, disent les héraldistes, est d'azur aux trois fleurs de lys d'or posées deux et une. » Nous ne savons de façon certaine ni d'où vient la fleur de lys, sous sa forme héraldique, ni à quelle époque elle apparut sur l'écu de nos rois. Le premier blason royal connu est celui de Louis VII ; les émaux sont les mêmes que de nos jours et les métaux, mais diversement disposés : « Azur semé de fleurs de lys d'or » sans nombre, tel resta l'écusson du souverain jusqu'à Philippe le Bel. Ce prince écartela ses armes de Navarre, qui est « de gueules aux chaînes d'or posées en orle, en croix et en sautoir ». Mais Philippe VI et ses successeurs revinrent à l'ancienne coutume. Enfin avec Charles VI se montrent, en 1380, les trois simples fleurs de lys qui vont faire quelque figure dans le monde, flamboyer à Fontainebleau, à Saint-Germain, à Versailles, et, comme suprême honneur, déchaîner l'ardeur monopolisante de M. de Castelvi. Ce ne fut point sans interrègne. Charles VIII écartela de Jérusalem ; Henri III, de Pologne ; Henri IV porta « parti de France et de Navarre » ; Louis XIII tantôt l'imita, tantôt se tint aux armes de France pleines. Quoi qu'il en soit, celles-ci appartinrent toujours, de l'aveu unanime, au prince reconnu le plus proche du trône. Toute la question se ramène donc à savoir lequel des deux plaideurs se verra accorder cette platonique satisfaction.

Nous n'avons pas à entrer ici dans l'étude du traité d'Utrecht et des renonciations qui en furent la conséquence. On peut discuter, en droit monarchique, sur la prééminence de la branche d'Espagne. Mais M. de Castelvi ne serait pas le légitime représentant de cette branche, l'aîné, si même il en faisait partie. Ce n'est point un d'Anjou, encore moins un Bourbon; c'est simplement un soldat vaniteux et bel-lâtre, à la manière de Boulanger, et, comme Boulanger, exploité par quelques aventuriers.

Après la question historique, la seule intéressante serait donc la question juridique. Que décidera le tribunal? Le décret du 4 janvier 1852 a rétabli en France l'usage des titres de noblesse, y compris nommément « ceux de l'an-cienne monarchie ». Leur possession est garantie aux inté-ressés soit par l'action pénale de la loi du 28 mai 1858, soit par une action civile. Mais c'est une difficulté de savoir les-quels, dans l'espèce, ont compétence, des tribunaux admi-nistratifs ou des tribunaux judiciaires. Attendons. Le pro-cès est piquant. Les avocats ont bonne langue. On s'amu-sera, dans quelques huitaines, au Palais... pourvu que Monseigneur le duc d'Anjou ait pu fournir la caution *judi-catum solvi!*

Louis-N. Baragnon.

FIN

PARIS

IMPRIMERIE D. DUMOULIN ET Cⁱᵉ

5, rue des Grands-Augustins,